Georges Bensoussan **Die Juden der arabischen Welt**

Umschlag vorn: Jüdische Emigranten aus dem Irak erreichen Israel, 1951 (Foto: GPO/Wikimedia Commons)

Georges Bensoussan

Die Juden der arabischen Welt

Die verbotene Frage

Mit einer Einleitung von Stephan Grigat
Aus dem Französischen von Jürgen Schröder

»Und ich, ich meine, dass sich aus diesen verachteten Leiden, aus diesem Unglück der einfachen und kleinen Leute in den Ratschlüssen der Vorsehung die verborgenen Ursachen bilden, die den Herrscher vom Thron stürzen. Wenn sich bestimmte Ungerechtigkeiten angesammelt haben, sodass sie das Gewicht des Schicksals übertreffen, sinkt der Stand des Beckens. Es gibt Blut, das stumm ist, und Blut, das schreit: Das Blut der Schlachtfelder wird schweigend von der Erde getrunken; das spezifische, weit verbreitete Blut sprudelt hervor und seufzt zum Himmel; Gott erhört und rächt es.«

CHATEAUBRIAND,
Mémoires d'outre-tombe

»Falls Freiheit überhaupt etwas bedeutet, dann bedeutet sie das Recht darauf, den Leuten das zu sagen, was sie nicht hören wollen.«

George ORWELL
Vorwort zu *Farm der Tiere*

»Die Juden beten zu Gott, dass sie gerettet werden.«

Irak, *Bericht des Jüdischen Weltkongresses über die Juden im Irak*, zionistisches Zentralarchiv, Jerusalem, 1949 (CZA, S20/540).

Inhalt

Zweierlei Vertreibungen, zweierlei Integration

Die jüdischen Flüchtlinge aus den arabischen Staaten, ihre Bedeutung für Israel und der arabisch-islamische Antisemitismus

Stephan Grigat

1975 wurde in Paris die World Organisation for Jews from Arab Countries gegründet, die seitdem in Tel Aviv ansässig war und sich 1999 aufgelöst hat. 2002 wurde in den USA das Bündnis Justice for Jews from Arab Countries gegründet. Das israelische Parlament hat über die Jahrzehnte ein Dutzend Resolutionen zu den aus den arabischen Ländern geflohenen und vertriebenen Juden verabschiedet und 2010 den Beschluss gefasst, dass keine israelische Regierung ein Friedensabkommen unterzeichnen darf, das nicht auch die Frage der Entschädigung der jüdischen Flüchtlinge aus den arabischen Ländern und aus dem Iran regelt. 2012 hat das israelische Außenministerium erstmals eine Kampagne für »Justice for Jewish refugees from Arab countries« lanciert, und 2014 hat die Knesseth ein Gesetz verabschiedet, das den 30. November zum Gedenktag an Flucht und Vertreibung der Juden aus den arabischen Ländern und dem Iran erklärt.

Doch außerhalb Israels sind Diskriminierung, Flucht und Vertreibung der Juden aus den islamisch dominierten Staaten weiterhin kaum ein Thema. Wer, außer ein paar Spezialisten, weiß schon etwas über die Pogrome im marokkanischen Oujda und Jérada von 1948, die in der nun auf Deutsch vorliegenden und 2017 im französischen Original erschienenen Studie von Georges Bensoussan eine wichtige Rolle spielen? Oder über den Farhud in Bagdad, jenes Pogrom des Jahres 1941, das den Auftakt für das Ende der über zweieinhalbtausend Jahre alten jüdischen Gemeinde im Irak bildete? Und wem ist heute noch bewusst, dass Ende der 1930er Jahre 33 Prozent der Bevölkerung der irakischen Hauptstadt jüdisch waren, ein größerer Anteil als zur selben Zeit in Warschau oder in New York?

I.

Würde es mit rechten Dingen zugehen, wäre bei jeder Diskussion über den Konflikt Israels mit seinen arabischen Nachbarn nicht nur von jenen etwa 750 000 Palästinensern die Rede, die als Folge des von den Nachbarstaaten Israels mit Unterstützung der arabisch-palästinensischen Nationalbewegung vom Zaun gebrochenen Krieges von 1948 geflohen sind oder vertrieben wurden[1], sondern stets auch von der Flucht und Vertreibung nahezu aller Juden aus der arabischen Welt. Allein, dem ist nicht so. Jeder Akademiker, Journalist oder politisch Interessierte, der sich auch nur oberflächlich mit dem Dauerkonflikt Israels mit seinen Nachbarn beschäftigt, weiß etwas über die »palästinensischen Flüchtlinge«, womit heute

1 Eine der differenziertesten und um Kontextualisierung bemühten Darstellungen dazu findet sich bei Benny Morris, *Righteous Victims. A History of the Zionist-Arab Conflict, 1881–2001*, New York: Vintage 2001, S. 189–258 und *Birth of the Palestinian Refugee Problem Revisited*, Cambridge: CUP 2004. Dass kein einziges von Morris' wegweisenden Büchern bisher auf Deutsch vorliegt, wirft ein bezeichnendes Licht auf die Qualität der deutschsprachigen Nahost-Diskussionen.

in den allermeisten Fällen ihre Nachkommen gemeint sind. Ihr Schicksal gilt bis in die Gegenwart als eines der Haupthindernisse für einen Frieden im Nahen Osten. Die etwa 900 000 jüdischen Flüchtlinge hingegen, die seit 1948 aus den arabischen Staaten und seit 1979 aus dem Iran geflohen sind, finden in gegenwärtigen Debatten zum Nahen und Mittleren Osten kaum Erwähnung. Es ist zu hoffen, dass sich durch Bensoussans Essay, der in Frankreich vergleichsweise große Aufmerksamkeit erregt hat, und durch ähnliche Publikationen wie jene demnächst ebenfalls auf Deutsch erscheinende Studie von Bensoussans Freund und Kollegen Natan Weinstock[2], auch im deutschsprachigen Raum endlich etwas daran ändert – allein schon, weil die Flucht und Vertreibung der Juden aus den arabischen Ländern nicht nur auf Grund der gegenseitigen Befruchtung des arabischen und des europäischen Antisemitismus und der nationalsozialistischen Politik im Nahen Osten[3] etwas mit Europa zu tun haben: Tom Gross hat unlängst daran erinnert, dass sich die deutsche, die schweizerische, die kanadische und die holländische Botschaft in Kairo in Häusern befinden, die früher wohlhabenden jüdischen Familien gehört haben.[4]

Gegenwärtig leben über drei Millionen Palästinenser, zum Großteil die Nachfahren der rund 750 000 Flüchtlinge des Unabhängigkeitskrieges von 1948 und des Sechs-Tage-Krieges von 1967, in Israels Nachbarstaaten. Ihr Flüchtlingsstatus wird auf die nachfolgenden

2 Nathan Weinstock, Der zerrissene Faden. *Wie die arabische Welt ihre Juden verlor. 1947–1967*, Freiburg: ça ira 2019 (im Erscheinen).

3 Mittlerweile liegen dazu auch auf Deutsch einige Arbeiten vor: Matthias Küntzel, *Von Zeesen bis Beirut: Nationalsozialismus und Antisemitismus in der arabischen Welt*, in: Christian Heilbronn/Doron Rabinovici/Natan Sznaider (Hg.), *Neuer Antisemitismus? Fortsetzung einer globalen Debatte*, Frankfurt am Main: Suhrkamp 2019, 182–218; David Motadel, *Für Prophet und Führer. Die Islamische Welt und das Dritte Reich*, Stuttgart: Klett-Cotta 2017. Die wichtigen Arbeiten von Jeffrey Herf (beispielsweise *Nazi Propaganda for the Arab World*, New Haven: Yale University Press 2009) harren hingegen noch der Übersetzung.

4 Tom Gross, »Foreword: A People Ignored«, in: Lyn Julius, *Uprooted. How 3000 Years of Jewish Civilisation in the Arab World Vanished Overnight*, London/Chicago: Vallentine Mitchell 2018, S. X.

Generationen vererbt, wodurch ihre Zahl bemerkenswerterweise immer größer wird. Im Gegensatz zu den Palästinensern waren die Flucht und Vertreibung der Juden aus den arabischen Ländern nahezu total und standen anders als im Fall der arabischen Flüchtlinge nicht im unmittelbaren Zusammenhang mit einem Kriegsgeschehen. Von den fast 900 000 in arabischen Ländern vor 1948 lebenden Juden sind heute nur wenige Tausend übriggeblieben, die Mehrheit von ihnen in Marokko und Tunesien.

Die Zahlen zur Flucht und Vertreibung der Juden aus den arabischen Staaten sind erschütternd: Von den über 250 000 marokkanischen Juden sind nur etwa 2 000 im Land geblieben. In Tunesien lebten 100 000 Juden, heute sind es 1 000. In Ägypten lebten 1948 75 000 und im Irak 135 000 Juden, heute sind es jeweils weniger als 20. Im Jemen waren es etwa 60 000, heute wird ihre Zahl auf 50 geschätzt. Die syrische jüdische Gemeinde wurde von 30 000 auf weniger als 15 dezimiert. In Algerien lebten 1948 140 000 Juden, in Libyen 38 000. In beiden Ländern leben heute überhaupt keine Juden mehr.

Nicht alle der aus den arabischen Ländern geflohenen oder vertriebenen Juden sind nach Israel gekommen, aber mit etwa 600 000 doch die überwiegende Mehrheit. Bis zur großen Einwanderungswelle aus der ehemaligen Sowjetunion machten die jüdischen Flüchtlinge aus den arabischen Ländern und ihre Nachkommen bis zu 70 Prozent der israelischen Bevölkerung aus. Heute sind knapp über 50 Prozent der israelischen Juden Nachfahren von jüdischen Flüchtlingen aus den arabischen Ländern.

Die Geschichte von Flucht und Vertreibung der Juden aus der arabischen Welt ist zugleich die Geschichte einer einmaligen Integrationsleistung, die zusammen mit den Fluchtbewegungen aus Europa in Israel letztlich zu einem Bevölkerungsanstieg von etwa 120 Prozent geführt hat. 1948 war der neu gegründete und militärisch bedrohte jüdische Staat hinsichtlich der Masseneinwanderung von Juden aus den arabischen Ländern hin- und hergerissen. Einerseits wollte man den bedrohten und verfolgten Juden helfen; zudem gab es ein massives Interesse an jüdischer Einwanderung. Bereits 1942 hatte David Ben-Gurion seinen *Tochnit HaMillion* vorgelegt, einen Plan für eine Million Neueinwanderer. Aber er hatte dabei in erster Linie an möglichst gut ausgebildete jüdische Einwanderer aus Europa gedacht. Israel förderte zwar die Auswanderung und Flucht aus den arabischen Ländern, ging dabei anfangs angesichts der immensen Probleme, die der junge Staat zu bewältigen hatte, allerdings ausgesprochen restriktiv vor. Bis 1955 erhielten aus Marokko beispielsweise nur Juden zwischen 18 und 45 Jahren sowie vermögende Familien das Recht auf Einwanderung. In einigen Fällen hat Israel spektakuläre Luftbrücken eingerichtet: In der Operation *Fliegender Teppich* wurden 1949 Zehntausende Juden aus dem Jemen ausgeflogen. Bei allen Schwierigkeiten und Härten und trotz aller Vorbehalte der aschkenasischen Juden gegenüber den Mizrahim kam es unmittelbar nach der israelischen Staatsgründung zu einer enormen Integrationsleistung: Die ursprünglich 650 000 Juden im britischen Mandatsgebiet Palästina nahmen innerhalb kürzester Zeit 700 000 weitere auf, viele von ihnen traumatisiert von der Shoah und im Fall der Flüchtlinge aus den arabischen Ländern zwar keineswegs immer, aber doch häufig vergleichsweise schlecht ausgebildete Juden aus verarmten Bevölkerungsschichten.

Während die palästinensischen Flüchtlinge und ihre Nachkommen bis heute aufgrund der Politik der palästinensischen Führung und der Regierungen in Damaskus, Amman und Beirut mehrheitlich weiterhin in Flüchtlingslagern ein elendes Leben führen, in den meisten arabischen Staaten massiver Diskriminierung ausgesetzt sind und von Antizionisten zum Propagandamittel gegen den jüdischen Staat degradiert werden, wurden die jüdischen Flüchtlinge aus den arabischen Ländern in Israel trotz enormer Schwierigkeiten integriert. Das ist einer der Gründe dafür, dass über die eine Gruppe bis heute auf höchster politischer Ebene regelmäßig diskutiert wird, wohingegen die andere nahezu in Vergessenheit geraten ist. Ein anderer Grund ist das schamlose antiisraelische Agieren der Vereinten Nationen: Seit 1947 wurden über 1000 UN-Resolutionen zum arabisch-israelischen Konflikt verabschiedet. Mehr als 170 davon behandeln explizit oder indirekt das Schicksal der palästinensischen Flüchtlinge beziehungsweise ihrer Nachkommen. Keine einzige beschäftigt sich mit dem Schicksal der 850 000 bis 900 000 jüdischen Flüchtlinge aus den arabischen Ländern und dem Iran.

Florian Markl und Alex Feuerherdt haben gezeigt, dass »erst die Jahrzehnte andauernde Propaganda der arabischen Seite und deren Übernahme durch die Vereinten Nationen eine Gruppe von Flüchtlingen in Vergessenheit geraten [ließ], während sie für die andere gleichzeitig ein Rückkehrrecht propagiert, das in Wahrheit nicht existiert.«[5]

Das »Rückkehrrecht« für die »palästinensischen Flüchtlinge« würde in seiner Umsetzung das Ende Israels als jüdischem Staat bedeuten. Und genau das ist auch seine Intention. Nichtsdestotrotz (oder auch: deswegen) ist es in aller Munde, wohingegen wohl noch nie jemand die Forderung nach einem »Rückkehrrecht« für die irakischen, tunesischen, marokkanischen, algerischen, ägyptischen, syrischen, libyschen oder jemenitischen Juden vernommen hat. Aus israelischer Perspektive handelte es sich 1948 um eine Art Bevölkerungsaustausch, wie er nach dem Zweiten Weltkrieg in zahlreichen Konfliktregionen stattfand. Die israelische Regierung war bereit, sich sowohl um die jüdischen Flüchtlinge aus Europa zu kümmern als auch um jene aus der arabischen Welt, erwartete zugleich aber,

5 Alex Feuerherdt/Florian Markl, *Vereinte Nationen gegen Israel. Wie die UNO den jüdischen Staat delegitimiert*, Berlin: Hentrich & Hentrich 2018, S. 11.

dass sich die arabischen Staaten der arabischen Flüchtlinge aus Israel annehmen, die maßgeblich durch den arabischen Angriffskrieg gegen den neu gegründeten jüdischen Staat zustande gekommen waren. Dementsprechend hat Israel so gut wie nie versucht, mit dem Schicksal der jüdischen Flüchtlinge aus den arabischen Ländern Politik zu machen oder eben gar ein »Rückkehrrecht« einzufordern – was vielleicht ein Fehler war, weil dadurch das massive Unrecht, das Hunderttausenden Juden aus den arabischen Staaten angetan wurde, über Jahrzehnte hinweg in der Weltpolitik keine Rolle gespielt hat.

Eine seltene Ausnahme war diesbezüglich Bill Clinton während der Camp David-Verhandlungen in den Jahren 1999 und 2000. Nachdem die israelische Seite in den Verhandlungen mit der PLO in Reaktion auf Jassir Arafats Beharren auf einem »Rückkehrrecht« für etwa drei Millionen Palästinenser in das israelische Kernland erstmals eigene Ansprüche hinsichtlich der jüdischen Flüchtlinge aus den arabischen Ländern in die Diskussion gebracht hatte, sprach der US-Präsident explizit von der Notwendigkeit einer Entschädigung jener Menschen, »die in vorwiegend arabischen Staaten gelebt hatten und die nach Israel kamen, weil sie in ihrem Heimatland zu Flüchtlingen gemacht wurden«.[6]

6 Zit. n. Avi Becker, *The Forgotten Narrative: Jewish Refugees from Arab Countries*, Jewish Political Studies Review 17:3-44 (Herbst 2005), http://jcpa.org/article/the-forgotten-narrative-jewish-refugees-from-arab-countries/ (Letzter Zugriff auf alle angeführten Webseiten: 15.3.2019). Einige israelische Politiker wie beispielsweise der liberale Justizminister Tommy Lapid, Vater des heutigen Yesh Atid-Vorsitzenden Yair Lapid, haben die langjährige israelische Zurückhaltung bei der Thematisierung von Flucht und Vertreibung der arabischen Juden schon früh kritisiert. Über Dekaden kolportierte der israelische Mainstream die Ansicht, es habe sich bei den Juden aus den arabischen Ländern eher um zionistisch motivierte Einwanderer, nicht um Flüchtlinge oder Vertriebene im klassischen Sinn gehandelt. Siehe Lyn Julius, *Uprooted. How 3000 Years of Jewish Civilisation in the Arab World Vanished Overnight*, London/Chicago: Vallentine Mitchell 2018, S. 155–159.

II.

Georges Bensoussans Studie ist ein Einspruch gegen die gerade im deutschsprachigen Raum nach wie vor weitverbreitete Annahme, der Antisemitismus in den arabischen und islamischen Ländern sei ein Resultat des Nahost-Konflikts und der Gründung Israels. Durch Bensoussans Betonung der antijüdischen Traditionen in der arabischen und islamischen Welt wird deutlich, inwiefern der arabische und islamische Antisemitismus eine der zentralen Ursachen dieses Konfliktes ist. Die von ihm zusammengetragenen Quellen verdeutlichen, inwiefern es sich auch in den vergleichsweise unblutigen Perioden des jüdisch-muslimischen Zusammenlebens in der arabischen Welt mit seiner im europäischen Diskurs so hoch gelobten Tolerierung der Juden als »Schutzbefohlene« (*dhimmis*) um eine »Toleranz handelte«, »die aus Verachtung bestand«, und die schon lange vor 1948 immer wieder auch zu blutiger Verfolgung geführt hat.

Spätestens mit den Ereignissen des Zweiten Weltkriegs war großen Teilen der arabischen Juden klar, wie sich ihre Situation darstellte, und dass es keinen nennenswerten Unterschied machte, ob sie sich für oder gegen den Zionismus stellten: Norman Stillman, auf den sich auch Bensoussan bezieht, hat eindrücklich herausgearbeitet, dass sich die islamisch geprägte Mehrheitsbevölkerung in den arabischen Staaten letztlich in ihrem Verhalten gegenüber den Juden nicht darum scherte, ob sie sich, wie in Syrien und im Irak, lautstark dem arabischen Antizionismus anschlossen; wie in Ägypten ein ums andere Mal ihre Loyalität bekundeten; sich, wie teilweise in Tunesien und Libyen, offen hinter die zionistische Sache stellten; oder, wie häufig in Algerien, sich angesichts des Charakters des arabischen Nationalismus auf die Seite der Kolonialmacht schlugen: »Am Ende teilten sie alle ein ähnliches Schicksal und entschieden sich zur Emigration oder Flucht aus ihren Geburtsländern.«[7]

7 Norman A. Stillman, *The Jews of Arab Lands in Modern Times*, Philadelphia: JPS 2003, S. 180.

Für die arabisch-islamische Verachtung von Juden bedurfte es wahrlich nicht der israelischen Staatsgründung, die vielmehr als Ferment für die Transformation dieser traditionellen Verachtung der jüdischen *dhimmis* in einen Hass auf die sich selbst zur Souveränität ermächtigenden »Schutzbefohlenen« fungierte. Im Anschluss an Bensoussan wäre es notwendig, diese Transformation auch hinsichtlich nicht-arabischer Länder wie Afghanistan und Pakistan aufzuzeigen, aus denen nach 1948 ebenfalls tausende Juden fliehen mussten, und insbesondere hinsichtlich der Türkei und dem Iran[8], die beide für die Entwicklung und Gegenwart des islamischen Antisemitismus entscheidende Bedeutung haben.

Bei aller Eindeutigkeit der Quellen ist Bensoussan um äußerste Differenziertheit bemüht. Er verwahrt sich nicht nur gegen die fremdenfeindliche Hetze von Teilen der politischen Rechten, sondern auch gegen jene »schwarze Legende«, die auf die weitverbreitete Verharmlosung der Diskriminierung und Verfolgung der Juden in den arabischen Ländern mit einer Blindheit für die Differenzen zur Situation der Juden in Europa reagiert. Das Bemühen um Differenziertheit führt bei Bensoussan stellenweise zu einer schon übertrieben zurückhaltenden Terminologie, etwa wenn er den expliziten Begriff der »Vertreibungen« fast ausschließlich auf die Situation in Ägypten anwendet.

Er thematisiert – ganz ähnlich wie Nathan Weinstock – die in Israel insbesondere in den aschkenasischen Eliten bis Ende der 1970er-Jahre vorherrschenden Ressentiments gegen Juden aus den arabischen Ländern, und er betont wichtige Ausnahmen vom radikalen arabisch-nationalistischen Antisemitismus wie beispielsweise Habib Bourguiba in Tunesien – der letztlich allerdings auch nichts gegen den Exodus der tunesischen Juden unternehmen konnte oder wollte.[9]

8 Siehe dazu die umfassende Studie von Weinstock, a. a. O.

9 Es wäre zu fragen, ob Bensoussan hier nicht zu milde urteilt. Immerhin soll Bourguiba

Es ist für weitere Diskussionen von einiger Bedeutung, stets in Erinnerung zu rufen, dass sich selbst im Panarabismus die *radikale* antisemitische Politik erst durchsetzen musste: In Ägypten etwa weigerte sich Muhammad Nagib, der erste Präsident nach dem Sturz der Monarchie 1952, den Forderungen der Arabischen Liga nach Konfiszierung des jüdischen Eigentums nachzugeben, und zu Jom Kippur besuchte er demonstrativ eine Synagoge in Kairo. Zur rasanten Verschlechterung der Situation der Juden in Ägypten kam es erst ab 1954 mit dem Sturz Nagibs und der Präsidentschaft Gamal Abdel Nassers[10], der als Offizier im Zweiten Weltkrieg auf Grund eines für den Nahen Osten typischen Gemischs von Antikolonialismus und Antisemitismus zeitweise mit deutschen und italienischen Agenten kooperierte, und der die antisemitische Hetzschrift *Die Protokolle der Weisen von Zion* zur Lektüre empfahl, die bis zum heutigen Tag die ägyptische Gesellschaft vergiftet.[11]

unmittelbar nach der Shoah erkärt haben: »Die Juden müssen sich verändern und bestimmte Behauptungen, derentwegen sie sich da, wo sie leben, zuweilen unbeliebt machen, revidieren.« Zit. n. Norman J.W. Goda, *Anti-Zionism and Antisemitism in the Wake of the Holocaust: The Anglo-American Committee of Inquiry*, 1946; Vortrag bei der Konferenz Anti-Zionism, Antisemitism, and the Dynamic of Delegitimization, Indiana University, Bloomington, USA, 5.4.2016. Nichtsdestotrotz war Bourguibas Position gegenüber Israel, mit der er als Gegenspieler zu Gamal Abdel Nassers radikaler antiisraelischer Hetze agierte, von einer Art moderatem Realismus geprägt, der immerhin auf eine »friedliche Lösung« des Konfliktes der Palästinenser mit Israel abzielte. Siehe Matthias Küntzel, »Nasser's Antisemitic War against Israel«, fathom. For a deeper understanding of Israel and the region (Frühjahr 2017), http://fathomjournal.org/1967-nassers-antisemitic-war-against-israel/.

10 Stillman, a.a.O., S. xxi.

11 Siehe Klaus-Michael Mallmann/Martin Cüppers, *Halbmond und Hakenkreuz. Das Dritte Reich, die Araber und Palästina*, Darmstadt: WBG 2007, S. 160; Malte Gebert, »Die Rezeption der Protokolle der Weisen von Zion in Ägypten«, Medaon. Magazin für jüdisches Leben in Forschung und Bildung, Nr. 9, 2011, S. 9. https://www.medaon.de/de/artikel/die-rezeption-der-protokolle-der-weisen-von-zion-in-aegypten-ein-plaedoyer-fuer-die-beachtung-raumspezifischer-besonderheiten-in-der-antisemitismusforschung/.

III.

Bensoussan stellt die Geschichte von Diskriminierung, Flucht und Verfolgung der Juden aus der arabischen Welt in den Kontext der »breiteren Frage nach der Emanzipation des Subjekts« und streift so das Spannungsverhältnis von Partikularismus und Universalismus sowohl im Zionismus als auch hinsichtlich der Emanzipation in den arabischen Gesellschaften. Er zeigt, inwiefern die Radikalisierung der arabisch-islamischen Judenfeindschaft vor der israelischen Staatsgründung einsetzte und in vielen Aspekten eine Reaktion auf die partielle Autoemanzipation der Juden in den arabischen Gesellschaften war. Ähnlich wie im europäischen Antisemitismus, aber eingebettet in den Kontext einer anderen religiösen Tradition, wurden die Juden in der arabischen Welt als Repräsentanten der Moderne attackiert.

Den Hass auf die Moderne skizziert Bensoussan am Beispiel von Sayyid Qutbs programmatischer Schrift *Unser Kampf mit den Juden*, die bis heute islamistische Attentäter nicht nur in Frankreich, sondern rund um den Globus inspiriert, und anhand der Schriften des in Deutschland viel zu unbekannten algerischen Vordenkers des Islamismus Malek Bennabi.[12] An Bennabi (»Dies ist das Jahrhundert der Frau, des Juden und des Dollars«) demonstriert Bensoussan die innige Verbindung von Juden- und Frauenhass im arabischen Antisemitismus in der zweiten Hälfte des 20. Jahrhunderts, worin sich eine deutliche Parallele zum europäischen Antisemitismus insbesondere des 19. und des frühen 20. Jahrhunderts zeigen ließe.[13]

12 Siehe zu Bennabi Bernhard Schmid, *Algerien. Frontstaat im globalen Krieg? Neoliberalismus, soziale Bewegungen und islamistische Ideologie in einem nordafrikanischen Land*, Münster: Unrast 2005; Nils Feindt-Riggers, »Der Islamismus in Algerien: Geschichte und Gegenwart«, in: Siegfried Schwan (Hg.), *Islamismus. Stellungsnahmen und Bewertungen aus der Wissenschaft* (Beiträge zur inneren Sicherheit 28), Brühl: Fachhochschule des Bundes für öffentliche Verwaltung 2006, S. 11f.

13 Siehe Karin Stögner, *Antisemitismus und Sexismus. Historisch-gesellschaftliche Konstellationen*, Baden-Baden: Nomos 2014.

Die von Bensoussan in Erinnerung gerufene Geschichte von Diskriminierung, Verfolgung, Flucht und Vertreibung der arabischen Juden ist ein weiterer Beleg dafür, dass jede Auseinandersetzung mit der Geschichte des israelisch-arabischen Konflikts von einer kritischen Theorie des Antisemitismus auszugehen hätte, und es wäre dringend geboten, vor dem Hintergrund des von Bensoussan und anderen zusammengetragenen und ausgebreiteten historischen Materials eine ideologiekritische Diskussion über den Charakter des islamischen und arabischen Antisemitismus zu führen.[14]

IV.

Bensoussan spricht eine ganze Reihe von zumindest im postkolonial-pseudoantirassistischen Mainstream »verbotenen Fragen« an: Er thematisiert die afrikanische und arabische Sklaverei ebenso wie die massive Einwanderung von Arabern nach Palästina in Folge der zionistischen Immigration und dem damit verbundenen Modernisierungsschub in der Region; und er verweist auf die antijüdischen Äußerungen des Präsidenten der Palästinensischen Autonomiebehörde, Mahmoud Abbas, der sich auch nach Erscheinen der französischen Ausgabe von *Die Juden in der arabischen Welt* antisemitisch geäußert hat.[15] Damit wird deutlich, dass sich das Problem des Antisemitismus im arabischen Raum heute keineswegs auf

14 Siehe Stephan Grigat, *Fetisch und Freiheit. Über die Rezeption der Marxschen Fetischkritik, die Emanzipation von Staat und Kapital und die Kritik des Antisemitismus*, Freiburg: ça ira 2007, S. 337–350 und Stephan Grigat, *Die Einsamkeit Israels. Zionismus, die israelische Linke und die iranische Bedrohung*, Hamburg: Konkret 2014, S. 8–11, 137–141. Zur Ignoranz gegenüber der Notwendigkeit solch einer Debatte in maßgeblichen Teilen des deutschen akademischen Betriebs siehe Matthias Küntzel, »Islamischer Antisemitismus als Forschungsbereich. Über Versäumnisse der Antisemitismusforschung in Deutschland«, in: Marc Grimm/Bodo Kahmann (Hg.): *Antisemitismus im 21. Jahrhundert. Virulenz einer alten Feindschaft in Zeiten von Islamismus und Terror* (Europäisch-jüdische Studien. Beiträge 36), Berlin/Boston: de Gruyter 2018, S. 135–155.

15 »Antisemitische Rede. Abbas gibt Juden Schuld an Holocaust«, Zeit Online, 2.5.2018, https://www.zeit.de/politik/ausland/2018-05/mahmud-abbas-palaestinenserpraesident-juden-schuld-holocaust.

radikal-islamistische Gruppierungen wie Hamas, Hisbollah oder Islamischen Djihad beschränkt.

Die Weigerung linker französischer Intellektueller (zu denen zahlreiche Pendants im deutsch- und englischsprachigen Raum existieren), die Realität der Judenfeindschaft in der arabisch-muslimischen Welt zur Kenntnis zu nehmen, vergleicht Bensoussan mit der blinden Verteidigung des Stalinismus in der französischen Kommunistischen Partei der frühen 1950er Jahre. Er zeigt eindrücklich, inwiefern die Legende vom friedlichen Zusammenleben von Juden und Arabern gerade in den »Salons der Pariser Linken« verbreitet war und bis zum heutigen Tag vorherrschend ist. In der Tat ist es maßgeblich die Verantwortung der Linken und der Hauptströmungen des Marxismus, dass nicht nur in Frankreich, sondern in ganz Europa die Geschichte der Verfolgung der Juden in den arabischen Ländern in Vergessenheit geriet, kulturrelativistisch verharmlost oder antiimperialistisch verfälscht, und dass jene des Zionismus und Israels in eine Geschichte von Kolonialismus und Imperialismus verzerrt wurde. Auch Teile der radikalen Linken in Israel hatten und haben Anteil an der Verharmlosung der Situation der Juden in den arabischen Gesellschaften sowie des islamischen und arabisch-nationalistischen Antisemitismus.[16]

Dabei hätte es gerade die Linke besser wissen können, hätte sie ihre gerne zitierten, aber selten gelesenen Vordenker ein wenig ernster genommen. Denn schon Karl Marx hatte über den Islam recht Deutliches zu sagen:

»Der Koran und die auf ihm fußende muselmanische Gesetzgebung reduzieren Geographie und Ethnographie der verschiedenen Völker auf die einfache und bequeme Zweiteilung in Gläubige und Ungläubige. Der Ungläubige ist ›harby‹, d.h. der Feind. Der

16 Siehe Grigat, *Die Einsamkeit Israels*, a.a.O., S. 98 und Tom Segev, *The Seventh Million. The Israelis and the Holocaust*, New York: Henry Holt 2000, S. 397.

Islam ächtet die Nation der Ungläubigen und schafft einen Zustand permanenter Feindschaft zwischen Muselmanen und Ungläubigen.«[17]

Und über die Situation der Juden in Jerusalem schrieb Marx 1854 in der *New York Daily Tribune*:

»Die Muselmanen, die etwa ein Viertel der ganzen Bevölkerung bilden und aus Türken, Arabern und Mauren bestehen, sind selbstverständlich in jeder Hinsicht die Herren [...]. Nichts gleicht aber dem Elend und den Leiden der Juden in Jerusalem, die den schmutzigsten Flecken der Stadt bewohnen [...], sie sind unausgesetzt Gegenstand muselmanischer Unterdrückung und Unduldsamkeit [...].«[18]

Auch spätere Vertreter einer kritischen Gesellschaftstheorie hätten als Barriere gegen die linke Kumpanei mit der Gegenaufklärung und gegen die Verharmlosung des islamischen und des arabisch-nationalistischen Antisemitismus dienen können. Hätte sich die Linke statt auf die Vordenker des Antiimperialismus und Antikolonialismus mehr auf die Kritische Theorie von Max Horkheimer und Theodor W. Adorno bezogen, die sich ebenso explizit mit der Grundintention des Zionismus solidarisiert haben wie Herbert Marcuse und Leo Löwenthal, hätte sie sehr früh wissen können, was etwa vom Panarabismus eines Nasser zu halten ist, zu dem es insbesondere bei Horkheimer ausgesprochen scharfe Kritiken gibt.[19]

Doch die Linken haben den Antizionismus, der die Grundlage für die ebenso systematische wie interessierte Schönrednerei der Situation der jüdischen Bevölkerung in den arabischen Gesellschaften bildet, keineswegs für sich allein gepachtet. Nicht nur für die französische Diskussion ist es wichtig, dass Bensoussan daran erinnert,

17 Karl Marx: »Die Kriegserklärung – Zur Geschichte der orientalischen Frage«, in: Karl Marx/Friedrich Engels, *Werke*, Bd. 10, Berlin/DDR: Dietz 1961, S. 170.

18 Ebd., S. 175.

19 Siehe Stephan Grigat, »Befreite Gesellschaft und Israel. Zum Verhältnis von Kritischer Theorie und Zionismus«, in: Stephan Grigat (Hg.), *Feindaufklärung und Reeducation. Kritische Theorie gegen Postnazismus und Islamismus*, Freiburg: ça ira 2006, S. 119f.

dass auch die Nationalsozialisten bereits dezidiert antizionistisch waren. Gerade in Zeiten, in denen prominente Stimmen innerhalb der Labour-Partei, die mit Jeremy Corbyn den nächsten, offen mit Islamisten liebäugelnden britischen Premierminister stellen könnte, über die Kollaboration der Zionisten mit dem Nationalsozialismus fantasieren und eine Wesensverwandtschaft zwischen Faschismus und dem jüdischen Streben nach Souveränität suggerieren, ist es umso dringlicher, an diese Zusammenhänge zu erinnern. Anschließend an Bensoussans Verweise auf Hitlers und Alfred Rosenbergs Antizionismus, in dem sie den Juden aufgrund ihrer angeblichen Unfähigkeit zur produktiven Arbeit auch jegliche Befähigung zur Etablierung wahrhaftiger Staatlichkeit absprechen, ginge es darum, die antisemitische Gegenüberstellung von organischen Staaten und dem »künstlichen Gebilde« Israel im arabischen Nationalismus, in den diversen Spielarten des Islamismus und in der antiimperialistisch-antizionistischen Linken aufzuzeigen.

V.

Es ist zu hoffen, dass ein realistischer Blick auf die antisemitischen Traditionen in den arabischen und islamischen Gesellschaften und eine Reflexion auf die Geschichte von Diskriminierung, Verfolgung, Flucht und Vertreibung der Juden aus den arabischen Staaten, wie Bensoussan sie vorgelegt hat, auch in der deutschsprachigen Diskussion über den Konflikt Israels mit seinen arabischen Nachbarn ein besseres Verständnis des Zionismus ermöglichen. Ein solches könnte perspektivisch wohl auch einen Beitrag zu einer möglichen Annährung im Nahen Osten leisten. Die kann letztlich aber nur gelingen, wenn es in den arabischen Gesellschaften und den islamischen Gemeinden zu einer Selbstkritik fundamentalen Ausmaßes kommt. Dementsprechend wichtig ist es, jene vereinzelten Stimmen zu unterstützen, die solch eine Selbstkritik heute schon formulieren und auf die sich auch Bensoussan bezieht: etwa Boualem Sansal, dessen Schriften vor zehn Jahren in Deutschland noch nahezu unbekannt waren und erst in letzter Zeit jene Aufmerksamkeit erhalten, die sie verdienen.[20]

Hinsichtlich einer möglichen Annäherung oder gar Aussöhnung kann heute zwar auf die Friedensverträge Israels mit Ägypten und Jordanien verwiesen werden, die der jüdische Staat trotz Flucht und Vertreibung der arabischen Juden geschlossen hat; oder aktuell beispielsweise auf die vorsichtige Annährung zwischen Irak und Israel, die 2018 zum Besuch dreier irakischer Delegationen im Staat der Shoah-Überlebenden und ihrer Nachkommen geführt hat. Und angesichts der aggressiven Expansionspolitik des iranischen Regimes kommt es spätestens seit dem Abschluss des ausgesprochen kritikwürdigen Atomabkommens mit der Ajatollah-Diktatur[21] auf Grund der objektiv gegebenen gemeinsamen Sicherheitsinteressen selbst zu einer deutlichen Annäherung zwischen Israel und einigen der arabischen Golfstaaten. Nur sollte man nicht vergessen, dass die Friedensverträge von 1979 und 1994 kaum etwas am weit verbreiteten Antisemitismus in der jordanischen und vor allem in der ägyptischen Gesellschaft geändert haben. Das Gleiche gilt trotz der verhaltenen Reformbemühungen von Teilen des Herrscherhauses in Riad auch für die saudische Gesellschaft, und die Namen der irakischen Delegationsteilnehmer von 2018 mussten geheim gehalten werden, um ihre Sicherheit im Irak nicht zu gefährden.

20 Doch auch den kritischen Stimmen gegenüber sollte man sich nicht unkritisch verhalten: Bei jemandem wie dem Syrer Adonis, auf den Bensoussan ebenfalls referiert, wäre angesichts dessen zweifelhafter Rolle bei der Verteidigung der Assad-Diktatur und vor allem angesichts seiner frühen Lobpreisungen des iranischen Ajatollah-Regimes, für die er von anderen aus Syrien stammenden Intellektuellen wie Sadik al Azm scharf kritisiert wird, zumindest kritische Anmerkungen notwendig. Siehe Sadik al Azm, »Friedenspreis für Adonis. Orientalismus der übelsten Sorte«, FAZ, 19.9.2015.

21 Siehe die Beiträge von Stephan Grigat, Emily B. Landau und Matthias Küntzel in Stephan Grigat (Hg.), *Iran – Israel – Deutschland. Antisemitismus, Außenhandel und Atomprogramm*, Berlin: Hentrich & Hentrich 2017.

Die arabischen Gesellschaften haben letztlich die Wahl: Niemand zwingt sie, innere Konflikte mittels des Antisemitismus auf den äußeren Feind Israel zu projizieren, nachdem sie sich durch Flucht und Vertreibung der arabischen Juden um die konkrete Projektionsfläche im Innern gebracht haben. Wie schwierig sich die dringend notwendige Selbstkritik in den arabischen Gesellschaften und den islamischen Gemeinden gestaltet, wird beispielsweise daran deutlich, dass, wie Bensoussan berichtet, selbst noch ein vergleichsweise reflektierter Vertreter des Islam wie der aus Tunesien stammende Imam von Drancy, Hassen Chalgoumi, es nicht schafft, einen schonungslosen Blick auf den radikalen Antisemitismus Amin el Husseinis zu werfen. El Husseini war in den 1920er- und 30er-Jahren der Mufti von Jerusalem, setzte sich spätestens im großen arabischen Aufstand in den 1930er-Jahren an die Spitze der arabisch-palästinensischen Nationalbewegung, und sein abgrundtiefer Judenhass vergiftet bis zum heutigen Tag nicht nur die palästinensische Gesellschaft. Chalgoumi, der in Israel auf von der Regierung initiierten Konferenzen ein gern gesehener Gast ist, zeichnet nicht nur ein idealisiertes Bild des Mufti, sondern attestiert mit el Husseini allen Ernstes einem Mann Unkenntnis über den antisemitischen Charakter des »Dritten Reichs«, der die entscheidenden Jahre des Nationalsozialismus im engen Kontakt mit den Spitzen des NS-Staates in Berlin verbracht hat, und der 1943 verkündete, Deutschland habe »die Juden genau erkannt und sich entschlossen, für die jüdische Gefahr eine endgültige Lösung zu finden, die ihr Unheil in der Welt beilegen wird«[22].

Bensoussans Darstellung ist eine Erinnerung an die Bedeutung des Zionismus für die sowohl partikulare als auch universelle Emanzipation der Juden. Der Zionismus verwirklicht ihre politische Emanzipation gegen und in einer feindlichen antisemitischen

22 Zit. n. Klaus Gensicke, *Der Mufti von Jerusalem und die Nationalsozialisten. Eine politische Biographie Amin el-Husseinis*, Darmstadt: WBG 2007, S. 97.

Umwelt und schafft so überhaupt erst die Voraussetzung für Juden, an der allgemein menschlichen Emanzipation teilhaben zu können. Bensoussan vermittelt durch die Analyse der Situation in den arabischen Gesellschaften vor und nach der israelischen Staatsgründung einen Eindruck davon, was passieren könnte, sollten linke Antizionisten in Israel an Einfluss gewinnen oder, was wohl eher droht, sollte es ihren globalen Unterstützern perspektivisch gelingen, Israel zu Kompromissen hinsichtlich seiner Souveränität zu nötigen. Letztlich würde das – im besten Fall – bedeuten, die israelischen Juden wieder auf den Status jener *dhimmitude* zurückzuwerfen, der für ihre Existenz vor der Gründung Israels in der gesamten Region charakteristisch war.

Schon Herbert Marcuse notierte im Vorwort für die hebräische Ausgabe von *Der eindimensionale Mensch* eine Bedingung für eine friedliche Koexistenz von Juden und Arabern im Nahen Osten, die leider bis heute nicht erfüllt ist: »Nur eine freie arabische Welt kann neben einem freien Israel bestehen.«[23] Wenn nicht die dunklen Vorahnungen des israelischen Historikers Benny Morris Wirklichkeit werden sollen, der schon zu Beginn der Zweiten Intifada bezüglich einer Aussöhnung zwischen Israel und der arabischen Welt von einem »kosmischen Pessimismus« sprach[24], und der nun angesichts der zahlenmäßigen Überlegenheit der arabischen Seite das Ende Israels in 30 bis 50 Jahren gekommen sieht, was die Juden im Nahen Osten dann zwangsläufig wieder zu einer »persecuted or slaughtered minority, as they were when they lived in Arab countries«[25] machen würde, bedürfte es zum einen grundlegender

23 Herbert Marcuse, *Nachgelassene Schriften. Bd. 4: Die Studentenbewegung und ihre Folgen*, Springe: zu Klampen 2004, S. 143.

24 Benny Morris, »Peace? No chance«, The Guardian, 21.2.2002, http://www.guardian.co.uk/world/2002/feb/21/israel2.

25 »Israel Will Decline, and Jews Will Be a Persecuted Minority«. Interview with Benny Morris by Ofer Aderet, Haaretz, 22.1.2019, https://www.haaretz.com/us-news/.premium.MAGAZINE-israel-will-decline-and-jews-will-be-persecuted-those-who-can-will-flee-1.6848498.

Transformationen in den arabischen Gesellschaften, die aber von israelischer Seite nicht erzwungen werden können. Daher bedarf es zum anderen weiterhin der überlegenen Gewalt des zionistischen Projekts als einziger Garantieinstanz für Juden und Jüdinnen gegen die anhaltende antisemitische Bedrohung.

Stephan Grigat
Lehrbeauftragter an der Universität Wien, 2017/18 Research and Teaching Fellow am Center for German Studies der Hebrew University in Jerusalem, 2016/17 Gastprofessor für Israel Studien am Moses Mendelssohn Zentrum für europäisch-jüdische Studien in Potsdam und am Zentrum Jüdische Studien Berlin-Brandenburg, 2015/16 Gastprofessor für kritische Gesellschaftstheorie an der Justus Liebig-Universität Gießen.
Bei Hentrich & Hentrich ist unter seiner Herausgeberschaft erschienen: Iran – Israel – Deutschland. Antisemitismus, Außenhandel und Atomprogramm, ISBN 978-3-95565-220-3.

Vorwort

Die Geschichte der Juden in der arabischen Welt war bislang Gegenstand einer massiven Verleugnung, die die Macht der Überzeugungen gegenüber erwiesenen Tatsachen unter Beweis stellt. Die Legende des *al-Andalus*, die im 19. Jahrhundert in erster Linie vom europäischen Judentum geformt wurde (insbesondere vom deutschen Judentum, das die Absicht verfolgte, sich ihrer zu bedienen, um seinen Befreiungskampf voranzutreiben), wollte aus der jüdischen Vergangenheit auf arabisch-muslimischem Boden ein insgesamt glückliches Zeitalter machen. Diese hartnäckige Legende wird in der heutigen Zeit von der arabischen Welt mit dem Ziel wieder aufgenommen, den Abendländern zu zeigen, dass allein der Zionismus und die Entstehung des jüdischen Staates im Jahr 1948 für den Verfall dessen verantwortlich seien, was bis zu diesem Zeitpunkt ein Zeitalter der Harmonie gewesen sei. Mit anderen Worten, dass der Staat Israel allein für die rasche und massive Abwanderung jüdischer Gemeinden verantwortlich sei.

»Der Historiker misstraut dem Selbstverständlichen«, bemerkte einmal Paul Veyne. Im Gegensatz zu einer Legende, die auch heute noch von einer Meinungsmehrheit verbürgt wird, sagt uns die gewaltige Summe der Chroniken und Archive, der Zeugenaussagen und Dokumente aus diplomatischer oder militärischer Quelle, arabischen, westlichen oder jüdischen Ursprungs, dass die arabische Welt, weit entfernt davon, ein paradiesischer Ort zu sein, für die Lage der Juden eine Stätte der *Dhimma* war. Wörtlich genommen, eine Stätte der »Obhut«, das heißt in der Sprache und der Wirklichkeit der Zeit, eine Stätte der *Unterwerfung*.

Anhand der Deutung der Gründungstexte des arabischen Islam kann man beginnen, das Schicksal der Juden in jener Welt zu verstehen; weiter anhand der Erforschung der Verhaltensweisen religiöser Körperschaften und Riten; und schließlich anhand der Kulturgeschichte und insbesondere der Erforschung von Denkweisen. Das zu verstehen, was in uns spricht, wenn wir zu sprechen meinen, wie es folgender Ausspruch Freuds erhellt: »Die Vergangenheit wirkt aus dem Hintergrund.«[1] So zeichnet sich das wahre Bild einer Lage der Unterwerfung ab, das weder die goldene Legende der einen noch die schwarze Legende der anderen ist. Eine menschliche Geschichte der Beherrschung, der Wertschätzung, manchmal sogar der Bewunderung, aber immer die Geschichte einer unterworfenen Minderheit, die ständig verachtet wird.

Allein die Geschichte vermag Rechenschaft von der massiven Abwanderung von nahezu 900 000 Menschen innerhalb kaum einer Generation abzulegen. Dieser Exodus beendet eine zweitausendjährige Kultur, die dem Islam und der Ankunft des arabischen Eroberers voranging. Es sind weniger der Zionismus und die Entstehung des Staates Israel, die das Verschwinden dieser jüdischen Kulturen hervorrufen, als ihre Emanzipation durch die Schule sowie ihre Begegnung mit dem Abendland der Aufklärung. Von hier aus, von ihrer Befreiung rührt diese Heldentat, die für die psychische Ökonomie einer Welt, in der die Unterwerfung »des Juden« schließlich einen Grundpfeiler bildete, unvernehmbar war.

Wenn das Vergessen Anteil an der Entfremdung nimmt, nimmt das Schreiben von Geschichte insofern Anteil an der Befreiung. Weil es die Entstehung einer Situation verständlich macht, lässt es

1 Sigmund Freud, *Der Mann Moses und die monotheistische Religion* (1939), Frankfurt: Suhrkamp, 1970.

die Welt der Gesellschaft als nicht naturhaft erscheinen und bricht mit der Idee des Schicksals. Die Entstehung des *jüdischen Untertanen*, sein Bruch mit der Herrschaft, die durch den arabischen Islam aufgezwungen wurde, wird so die ersten Risse, die Kluft und letztendlich die Abwanderung hervorrufen.

Aber in Wirklichkeit stellt der Todeskampf des Judentums im arabischen Orient die breitere Frage nach der Emanzipation des Subjekts. Und darüber hinaus auch die noch prägnantere Frage nach der Konfrontation der arabisch-muslimischen Welt mit der Modernität der Aufklärung. Eine aktuelle Erschütterung, bei der die Ablehnung der Tradition, weit entfernt davon, die Wege der kritischen Vernunft des Westens zu beschreiten, heute auf paradoxe Weise das Antlitz einer mythenhaften Rückkehr zu den »frommen Vorfahren« *(Salaf)* annimmt.

Erster Teil

Die Härte der Wirklichkeit

1. Kapitel

Ein geistiger Rahmen

Die Kenntnis der jüdischen Geschichte auf arabischem Boden ist nicht zu trennen von den Faktoren, die das Schreiben dieser Geschichte behindern. Umso mehr, als Demütigung und Herrschaft sich dort zur Politik konstituiert haben. Der Status der *Dhimmi* (»der Beschützten«), der nur die Buchreligionen betrifft, *schützt* Christen und Juden vor Gewalt. Aber dieser Schutz hat auch seine Kehrseite, einen Status der Erniedrigung, wie es der Koran (Sure IX, Vers 29) mit Bezug auf die *ğizya* (die eine der beiden Sondersteuern, die von den Dhimmi entrichtet werden) deutlich macht: »Bekämpft sie, bis sie die *ğizya* bezahlen und gefügig sind.«[2]

Im ersten Jahrhundert des Islam hat der Pakt von Omar (nach dem Namen des zweiten Kalifen) die Lage der Dhimmi augenscheinlich kodifiziert. Unabhängig davon, ob er apokryph ist oder

2 »Die gängige Interpretation war«, kommentiert Bernard Lewis »daß die *ğizya* nicht nur einen Tribut darstellte, sondern auch Unterwerfung symbolisierte. Der Koran und die muslimische Überlieferung verwenden häufig das Wort *Dhull* oder *Dhilla* (Demütigung oder Erniedrigung), um den Zustand zu bezeichnen, den Allah denjenigen, die Mohammed ablehnen, bestimmt hat [...].« Nach Mahmud ibn Umar al-Zamakhshari (1075–1144) bedeutet das, dass »die *ğizya* von ihnen einzufordern ist, indem man sie demütigt und erniedrigt. Er [der *Dhimmi*, das heißt der nichtmuslimische Untertan des muslimischen Staates] soll persönlich erscheinen, zu Fuß, nicht zu Pferd. Beim Bezahlen soll er stehen, während der Steuereinnehmer sitzt. Der Steuereinnehmer soll ihn am Genick packen, ihn schütteln und dabei sagen: ‚Entrichte die *ğizya*!' und wenn er sie herzählt, soll er auf den Nacken geschlagen werden«, zitiert aus: *Die Juden in der islamischen Welt*, übers. v. L. Julius, München: Beck, 1987, S. 23. Es ist zu bemerken, dass das Ritual der Kolaphisation [Ohrfeigen erteilen] in der christlichen Welt, das um das Jahr 1000 in Toulouse eingeführt wurde, denselben psychischen Unterbau hat: den Willen, die jüdischen Untertanen zu demütigen.

nicht, hat dieser Pakt ein spezifisches Verhalten erzeugt: »Tauscht keine Briefe mit den Dhimmi aus«, beschwört der arabische Chronist Ibn Taymiyya (1263–1328), »und nennt sie nicht bei ihrem Namen; ihr müsst sie erniedrigen, ihnen aber nichts Böses tun.«[3] Die Unterlegenheit des Dhimmi muss deutlich sichtbar sein[4], und sein Status muss unsicher bleiben. Im Palästina des 11. Jahrhunderts fügt man *ba'ad minak* (»mit Verlaub«) hinzu, nachdem man das Wort »Jude« ausgesprochen hat. Das ist das Äquivalent zum maghrebinischen *Hashak*. Ebenso verflucht man die störrischen Esel, indem man ihnen zuruft: »Emchi ya ibn el Yahudi« (»Vorwärts, Judensohn!«). Im Jemen ist das Tragen des Dolches, das für jeden Mann verpflichtend ist, den Juden untersagt. In Marokko sind die Juden *kif el mra* (»wie eine Frau«[5]), schreibt ein französischer Polizeikommissar in den 1920er Jahren. Man könnte noch viele solcher Beispiele anführen. Manchmal sind sie Teil einer Animalisierung, die später eine der Dimensionen der Kolonialbeziehungen im weiten Sinne bilden wird. In der arabischen Welt ist der »Jude« ein innerlich Kolonisierter, und diese Beziehung hindert nicht daran, dass von einem Subjekt zum anderen auch Herzlichkeit und Freundschaft entstehen können.

Zu Beginn des 16. Jahrhunderts beschrieb der Franziskanermönch Franceso Suriano das Alltagsleben der Juden in Palästina: »Diese Hunde, die Juden, werden zertrampelt, geschlagen und ge-

3 Zitiert von Mark R. Cohen, *Sous le Croissant et sous la Croix. Les Juifs au Moyen* Âge, Paris: Seuil, 2008. S. 278.

4 Um die Verluste seiner Armee auszugleichen, setzt der Imam Yahia im Dezember 1928 im Jemen den Erlass über die automatische Konvertierung jüdischer Waisen wieder in Kraft. In vier Monaten werden 27 junge jüdische Waisen ihrer Familie entrissen und zum Islam zwangskonvertiert.

5 Siehe Georges Bensoussan, *Juifs en pays arabes. Le grand déracinement,* Paris: Tallandier, 2012, S. 242. Auf arabisch-muslimischem Boden wurde der Eid auf die Wahrheit, der von den Zeugen geleistet wurde, vor Gericht mit folgenden Worten beschlossen. »Andernfalls will ich zum Juden werden.« Dem ist hinzuzufügen, dass Allah selbst von diesen niederträchtigen Wesen sagt, dass sie »wie Schweine und Affen« sind (Koran, V, 65 und VII, 166).

peinigt, wie sie es verdienen. Sie leben in diesem Land in einem Zustand der Unterwerfung, der sich mit Worten nicht beschreiben lässt. Es ist lehrreich zu sehen, dass Gott sie in Jerusalem [...] mehr als irgendwo sonst auf der Welt bestraft. Ich habe das schon sehr lange beobachtet. Ebenso sind sie einander Feind und hassen sich, während die Muslime sie wie Hunde behandeln. [...] Die größte Schmach für eine Person ist es, als Jude bezeichnet zu werden.«[6] Diese Beschreibungen, die ebenfalls endlos aufgelistet werden könnten, lassen die Schwierigkeit der arabisch-muslimischen Welt verstehen, die Vorstellung einer jüdischen Unabhängigkeit einzuräumen, die Zeit, in der die Juden nicht mehr »die Hunde« jedes x-beliebigen wären. Wir gebrauchen das Wort »Hunde« mit Absicht, weil es in den arabischen Quellen immer wiederkehrt und manchmal sogar in einen Slogan verwandelt wird, wie in der Formel »die Juden sind unsere Hunde« (»*Al yahuda Kalabna*«)[7], die die Menge in Jaffa 1921 während der Aufstände brüllte, bei denen der große Schriftsteller der Erneuerung des Hebräischen, Josef Chaim Brenner, ermordet wurde.

»Überall«, notiert 1790 der Engländer William Lemprière[8] mit Bezug auf die Juden von Marrakesch, »werden sie wie Wesen einer Klasse behandelt, die der unseren unterlegen ist. In keinem Teil der

6 Zitiert von Gérard Nahon, *La Terre sainte au temps des kabbalistes*, Paris: Albin Michel, 1997, S. 134.

7 Es ist bekannt, dass im Arabischen eine der immer wiederkehrenden Beleidigungen darin besteht, jemanden als Hund zu bezeichnen. »Hundesohn« (*kalb, ibn kalb*). Ich danke an dieser Stelle meinem Freund Nathan Weinstock, der mich auf diese Gegebenheiten aufmerksam machte, die er in einem Vortrag zur Sprache brachte, der im Museum für jüdische Kunst und Geschichte im Februar 2015 in Paris gehalten wurde. Diese Notizen ergänzen mein eigenes Buch *Juifs en pays arabes*, auf das ich neben drei anderen Werken zu diesem Thema verweise: Bernard Lewis, *Die Juden in der islamischen Welt*, München: Beck, 1987; Norman Stillman, *Jews of Arab Lands in Modern Times*, Philadelphia: The Jewish Publication Society, 2003 (Erstauflage 1991); und Paul Fenton und David Littman, *L'Exil au Maghreb. La condition juive sous l'islam, 1148-1912*, Paris: Presses universitaires de la Sorbonne, 2010.

8 Das Werk Lemprières wurde 1801 unter dem Titel *Voyage dans l'empire du Maroc* ins Französische übersetzt.

Welt unterdrückt man sie wie im Barbarenland [...]. Trotz aller Dienste, die die Juden den Mauren erweisen, werden sie von ihnen mit größerer Härte behandelt, als sie ihren Tieren gegenüber zeigen würden.« Es ist dasselbe Bild von Tieren, das der französische Pfarrer Léon Godard 1857 nach seiner Rückkehr von einer Reise nach Marokko verwendet: »Die Juden in Marokko zählen zu den widerlichen Tieren«, schreibt er. »Die Toleranz der muslimischen Fürsten besteht darin, die Juden leben zu lassen, wie man eine Herde nützlicher Tiere leben lässt.«[9] Im 19. Jahrhundert häufen sich die Reiseberichte, aber ihr Widerhall ist derselbe, wenn es sich um das Schicksal der Juden handelt, und zwar unabhängig von der Staatsangehörigkeit des Reisenden.[10]

Als er 1883 von der französischen Regierung in geheimer Mission nach Marokko geschickt wird, hat der Offizier Charles de Foucauld den Auftrag, das Land zu durchreisen, um Daten zu vermerken, die zur Erweiterung des Reichs nützlich sind. Nach Frankreich zurückgekehrt, verfasst er einen Bericht mit dem Titel *Reconnaissance au Maroc* [Erkundung in Marokko] (1888 veröffentlicht). »Jeder Jude des *bled es siba*[11]«, schreibt er darin, »gehört mit Gut und Blut seinem Herrn, seinem *Sid*; [...] nachdem er seinen Tribut gezollt hat, sind er und seine Nachkommen für immer an den gebunden, den er gewählt hat. Der Sid beschützt seinen Juden vor den Fremden, wie jedermann sein Gut verteidigt. Er bedient sich seiner, wie er sein

9 Paul Fenton und David Littman, *L'Exil au Maghreb*, a.a.O., S. 286.

10 Siehe die Erzählungen englischer Reisender, die 1831 in London veröffentlicht wurden (Sir Arthur de Capell Broke, *Sketches in Spain and Morocco*, London: Henry Colburn & Richard Bentley, 1831): »Die Juden des Barbarenlandes, zumindest diejenigen, die in den Städten leben, befinden sich in einer furchtbaren Lage der Erniedrigung und Unwissenheit. [...] Die Juden des Barbarenlandes sind die absoluten Sklaven der Mauren in jedem Sinne«, zitiert in Paul Fenton und David Littman, *L'Exil au Maghreb*, a.a.O., S. 258.

11 Das unabhängige Marokko gliedert sich in zwei Zonen: Das *bled es siba* erkennt kaum die Macht des Sultans an, es ist eine Zone des Dissidententums. Die Lage ist dort prekärer als anderswo. Das *bled es makhzen* untersteht direkt der Autorität des Sultans, die Juden sind dort dementsprechend besser vor Gewalttätigkeiten geschützt.

Vermögen verwaltet, seinem eigenen Charakter entsprechend. Ist der Muslim klug? Haushälterisch? Er geht sparsam mit seinem Juden um. [...] Nichts in der Welt beschützt einen Israeliten vor seinem Herrn; er ist ihm ausgeliefert.«[12]

Über diese Willkür berichteten auch die in London herausgegebenen *Anglo Jewish Association Annual Reports* seit langem. Unter ihren Berichten finden sich auch die folgenden Angaben, die einem Dokument entstammen, das am 3. Februar 1888 vom Vorsitzenden des London Committee of Deputies of the British Jews an den britischen Premierminister, den Marquis von Salisbury, adressiert wurde:

18. »Da die Muslime die Juden als unrein betrachten, ist es letzteren weder gestattet, an den öffentlichen Brunnen der maurischen Viertel zu trinken noch Wasser zu entnehmen [...].«

21. »Die Entschädigung für das Leben eines Juden, wenn er von einem Mauren getötet wird, beläuft sich auf 60 Pfund. Der Mörder erhält keine Strafe und wird einfach eingesperrt, bis der Blutpreis gezahlt worden ist. Die Behörden ziehen dann einen Großteil davon ab und schütten nur ein Almosen an die Familie des Opfers aus.«[13]

An der Wende vom 19. zum 20. Jahrhundert betrifft dieser erbärmliche Zustand praktisch alle Juden in der »arabischen Welt«. Im Jahr 1909 berichtet der britische Vizekonsul in Mossul (gegenwärtig Irak), dass er in einem Stadtpark ein muslimisches Kind von kaum acht Jahren gesehen hat, wie es »im Vorübergehen einen großen Stein auf[hob] und [...] ihn nach [zwei achtbar aussehenden Juden mittleren Alters schleuderte]. Und dann noch einen – mit äußerster Unbekümmertheit, genauso wie anderswo ein kleiner Junge auf einen Hund oder einen Vogel zielen mag.«[14]

12 André Chouraqui, *L'AIU et la renaissance juive contemporaine (1860-1940)*, Paris: PUF, 1965, S. 114.

13 Zitiert in Paul Fenton und David Littman, *L'Exil au Maghreb*, a.a.O., S. 346.

14 Bernard Lewis, *Die Juden in der islamischen Welt*, a.a.O., S. 149f.

Solche Zeugenberichte gibt es auch reichlich im Maghreb. Um 1830 berichten englische Reisende aus Marokko: »Bei mehr als einer Gelegenheit habe ich einen maurischen Jungen von zehn Jahren gesehen, wie er auf der Straße auf einen Juden zuging und, nachdem er ihn angehalten hatte, ihm einen Fußtritt versetzte oder ihn ohrfeigte, ohne dass der andere es gewagt hätte, die Hand zu erheben oder sich zu verteidigen. Wenn er das wagte, würde man ihm die Hand abhacken, weil er sie gegen einen Gläubigen erhoben hätte. Der arme Mann musste sich damit begnügen zu schreien, während er zugleich seinen Verfolger mit ›sidi‹ oder ›Herr‹ anredete und ihn anflehte, ihn weitergehen zu lassen. Was die unglücklichen jüdischen kleinen Jungen betrifft, so bekommen sie überall, wo kleine Mauren möglicherweise spielen könnten, Angst und beginnen zu zittern; da sie genau wie Hunde als gute Beute betrachtet werden, bekommen sie ständig Steine und Schläge ab.«[15] Fünfundzwanzig Jahre später berichtet der Pfarrer Léon Godard, den wir bereits zitiert haben, über dieselbe Art von Gewalttätigkeiten: »Wenn ein Muslim sie schlägt, ist es ihnen bei Todesstrafe verboten, sich anders als durch Flucht oder Geschicklichkeit zu verteidigen. Ich habe arabische Kinder von sieben oder acht Jahren gesehen, die kräftige junge Leute mit Steinen beworfen, sie mit Stöcken geschlagen, geohrfeigt, gebissen, mit ihren Fingernägeln zerkratzt haben. Diese Männer waren Juden; sie krümmten sich, wanden sich, bemühten sich zu entkommen. Ihr Gesicht drückte Angst und Schrecken aus; aber alle ihre Bewegungen verrieten eine einzige Sorge, nämlich keinen der Angreifer zu schlagen oder zu verwunden.«[16]

»Die Gegend, in der ich die am meisten misshandelten Israeliten gesehen habe«, notierte noch einmal Charles de Foucauld in

15 Sir Arthur de Capell Broke, *Sketches in Spain and Morocco*, a.a.O., zitiert in Paul Fenton und David Littman, *L'Exil au Maghreb*, a.a.O., S. 259.

16 Abbé Léon Godard, »Mœurs politiques et sociales du Maroc, 1857«, zitiert in Paul Fenton und David Littman, *L'Exil au Maghreb*, a.a.O., S. 287.

Marokko, »und die bedauernswertesten, ist das Tal von Ouad el Abi, von Ouarzazate nach Tabia. Ich habe dort jüdische Frauen gefunden, die seit drei Monaten bei ihrem Herrn eingesperrt waren, weil ihr Ehemann eine bestimmte Summe nicht zahlen konnte. Dort setzen die Gebräuche die Strafe eines Muslims, der einen Juden getötet hat, auf 30 Francs fest. Er schuldet sie dem Sid des Toten, und es gibt weder andere Strafen noch andere Schäden. In diesem Gebiet treiben die Israeliten keinen Handel; sobald sie etwas besitzen, nimmt man es ihnen weg.«[17] Er kommt durch die Stadt Chefchaouen im Rifgebiet: »Selbst die Juden, die man duldet, sind der schlechtesten Behandlung ausgesetzt. In ihre *Mellah* gepfercht, können sie nicht ausgehen, ohne von Steinwürfen bestürmt zu werden: Auf dem ganzen Gelände der Akhmas, zu denen die Stadt gehört, ging niemand an mir vorbei, ohne mich mit einem »*Allah Iharraq boukia el Ihoudi*!« [»Gott lasse den Vater, der dich gezeugt hat, Jude, im ewigen Feuer brennen!«][18] zu begrüßen.

Zu Beginn des 19. Jahrhunderts beschrieb ein spanischer Reisender in Marokko unter dem Pseudonym Ali Bey Al Abassi Juden, die von der »muslimischen Gewaltherrschaft« erdrückt wurden, ihre »demütige Körperhaltung, den Körper gänzlich nach vorne gebeugt«. Anschließend spricht er von einer »entsetzlichen Rechtsungleichheit [...], die dazu führt, dass ein ganz junger Muslim einen Juden beleidigt und schlägt [...], ohne dass dieser sozusagen das Recht hätte, sich zu beklagen.« Derselbe beschreibt jene muslimischen Kinder, die sich ein Vergnügen daraus machen, »jüdische Kinder zu schlagen, ohne dass diese jemals auch nur die geringste Bewegung zu ihrer Verteidigung machten.«[19]

17 Charles de Foucauld, *Reconnaissance au Maroc (1883-1884)*, Paris: Challamel et Cie éditeurs, 1888, S. 400.

18 Ebd., S. 9.

19 Ali Bey Abassi, *Voyage au Maroc en 1803*, Paris: Éditions Coda, 2008, S. 31.

Zwanzig Jahre später, zwischen 1824 und 1828, notierte der Franzose René Caillié, Autor von *Reise nach Timbuktu*: »Im ganzen Land von El Drah und Tafilet gibt es Juden, die im selben Dorf wie die Muslime wohnen; sie sind dort sehr unglücklich, gehen fast nackt und werden von den Mauren pausenlos beleidigt: Diese Fanatiker gehen soweit, dass sie sie würdelos schlagen und Steine auf sie werfen wie auf Hunde.«[20]

Im Jahr 1876 wird Joseph Halévy, Lehrer für Hebräisch bei der Alliance Israélite Universelle, von der Einrichtung nach Marrakesch (Marokko) abgeordnet, um dort vor Ort die Möglichkeit für die Eröffnung einer Schule zu erforschen. Er berichtet über seine Ankunft in der *Mellah*: »Ich beeilte mich dort einzutreten, weniger um mich der Neugier des Volkes zu entziehen, als vielmehr dem schmerzhaften Schauspiel zu entkommen, das sich meinen Augen während der kurzen Strecke darbot, einem Schauspiel, das mich beklommen machte und mir Tränen in die Augen trieb... Auf der einen Seite Männer mit provozierendem Blick, eingehüllt in herrliche Burnusse, die mit reichen Borten verziert waren, den Kopf umgeben von großen Turbanen, die hübsch gefaltet waren, die Füße in schönen gelben Lederpantoffeln steckend [...]; auf der anderen Seite eine scheue und zerlumpte Menge, die als einzige Kopfbedeckung ein blaues Taschentuch mit schwarzen Flecken hatte, das nachlässig um den Hals gelegt war, in der Hand hielten sie zwar Bauernpantoffeln, gingen aber weiterhin barfuß trotz der scharfen Steine auf dem Pflaster.«[21] Als Joseph Halévy etwas später von »grausamen Züchtigungen ohne den geringsten Vorwand« spricht, ist ihm klar, dass diese Willkür auf ein System zurückgeht, in dem Gewalt

20 René Caillié, *Voyage à Tombouctou*, Bd. II, Paris: La Découverte, 1996., S. 355.

21 *Bulletin de l'Alliance israélite universelle*, 1. Halbjahr 1877, S. 51. Dieses Wort [Mellah] bedeutet in Marokko (und nur dort) das jüdische Viertel. Sein Ursprung ist unbekannt (es gibt mehrere widersprüchliche Vermutungen). In Tunesien bezeichnet *Hara* das jüdische Viertel. Anderswo spricht man auf eher klassische Weise vom *haret el yahoud* (dem Judenviertel).

und Demütigung den Zweck haben, die Juden »daran zu erinnern, dass sie Herren unterstehen, die mit ihnen machen können, was sie wollen«.[22]

Weniger bekannte Zeugenberichte haben wir außerdem aus Marokko zu Beginn des 20. Jahrhunderts, wie beispielsweise jenen einer Französin, der Ärztin (damals eine Seltenheit) Françoise Legey[23], die das Land 1910 im Auftrag der französischen Diplomatie bereist. Sie besucht die *Mellahs* von Casablanca und Marrakesch und veröffentlicht im selben Jahr in Algier ohne Autorenname ein Heft mit dem Titel *Notes de route: Voyage à Marrakech* [Reisenotizen: Reise nach Marrakesch]. Dort steht mit Bezug auf die *Mellah* von Casablanca zu lesen: »Ein Besuch in der *Mellah* ruft quälende Eindrücke in uns hervor. Die *Mellah* von Casablanca ist, wie es scheint, die schmutzigste von ganz Marokko. Es ist August, der Sonne, die alles läutert, gelingt es nicht, ihre Sumpflöcher rein zu waschen, ihre widerlichen Straßen zu trocknen. Aus Neugier und ganz zufällig, um einen Blick auf einen Innenhof jüdischer Häuser zu werfen, stoßen wir eine Tür auf und kommen voll auf unsere Kosten: Inmitten eines Hofes trinkt eine niedergekauerte Frau in unbeschreiblichem Schmutz sehr träge ihren Kaffee und hält in ihren Armen ein kleines Mädchen, das mit Pusteln von Pocken übersät ist; welche Brutstätte für Epidemien! Und welche Energie und kluge Initiative man entfalten muss, um all das zu säubern! Und wie diese *Mellah* im Gegensatz steht zu der bemerkenswerten Sauberkeit dieser militärisch verwalteten Stadt.«[24] Über die *Mellah* von Marrakesch schreibt sie: »Die *Mellah* ist, ohne ebenso abstoßend wie die von Casablanca zu sein, doch ziemlich schmutzig und von ekelerregenden Gerüchen

22 Ebd., S. 54.

23 Ich danke der Urgroßnichte von Françoise Legey, Caroline François, dafür, dass sie mich mit der Figur ihrer Ahnin bekannt gemacht hat.

24 Françoise Legey, *Notes de route: Voyage à Marrakech*, Algier: Druckerei P. Crescenzo, 1910, S. 6.

erfüllt; in der Nachbarschaft der Schulen, die von Rabbinern unterhalten werden, die Hebräisch und den Talmud lehren, ist es nahezu unmöglich, stehen zu bleiben; die Straßen sind in Freiluft-WCs verwandelt, man muss sich beeilen, weiterzukommen. Beim Anblick dieses Zustands ist man wenig erstaunt über die Schwere der Epidemien in ähnlichen Vierteln. Die Bewohner der *Mellah* erzählen, dass ihr Viertel die Beute von Typhus und Pocken ist; vor drei Jahren hat eine Typhusepidemie dort mehr als 3 000 Opfer gefordert. Die Juden spüren immer noch die Nachwirkungen der Strenge des Makhzen, sie haben große Angst, und es gibt dort eine ganze Rotte, die im Schmutz und Elend dahinvegetiert.«[25]

1873 versuchen die Oberhäupter der jüdischen Gemeinschaft im Jemen, die Leiter der Alliance Israélite Universelle in Paris zu alarmieren: »In den Straßen verfolgt man uns mit Beschimpfungen, man bezeichnet uns als ›Esel‹, ›Hund‹ etc. Es gibt keine Kinder, die sich nicht die gröbsten Unverschämtheiten gegen die ehrenwertesten Israeliten erlauben, und diese sind gezwungen, alles schweigend zu ertragen.«[26] Vierzig Jahre später, im Jahre 1910, schickt die Alliance den Beauftragten für ihr Schulnetz in Ägypten in den Jemen mit dem Auftrag, dort vor Ort die Möglichkeit für die Eröffnung einer Schule zu sondieren: »Der *yaoudi* ist für sie der Leibeigene, dem gegenüber man alle Rechte besitzt[27], er ist auch ein Familienmitglied, ein sehr armer Verwandter, dem gegenüber man sich zwar keinen Zwang antun muss, dem man jedoch Hilfe und Schutz schuldet; eine merkwürdige Situation und eine ganz beson-

25 Ebd., S. 12. In Marokko ist der Makhzen der Regierungsapparat, der um den Sultan herum besteht.

26 *Bulletin de l'Alliance*, 2. Halbjahr 1873.

27 »Weder ein Jude noch ein Christ kann gegen einen Mauren als Zeuge auftreten«, schreiben die bereits zitierten englischen Reisenden, vor allem der erste, »und man kann sich leicht vorstellen, wie sehr dadurch der Korruption, Ungerechtigkeit und Verfolgung Tür und Tor geöffnet sind.« Sir Arthur de Capell Broke, *Sketches in Spain and Morocco*, a.a.O., zitiert in Paul Fenton und David Littman, *L'Exil au Maghreb*, a.a.O., S. 259.

dere Psychologie. [...] Der Jude ist das Tier, das man bei jedem Anlass schlägt, aus nichtigem Grund, um seine Nerven zu beruhigen, um seinen Zorn zu besänftigen.«[28]

So führt dieses ständige Klima zu einer diffusen Angst, die sich urplötzlich zu einem Schrecken oder gar einer Panik auskristallisieren kann. 1876 bemerkt der französische Journalist Camille Debans im *Figaro* mit Bezug auf die Juden in Marokko, von wo er gerade zurückkommt: »Sie scheinen nur noch der Angst zugänglich zu sein.«[29] Am anderen Ende der arabischen Welt erzählt Jacob Valadji, Direktor der Schule der Alliance Israélite Universelle in Bagdad, im Oktober 1889 von dem antijüdischen Aufstand, der die Stadt erschüttert hat und der ein Teil dessen ist, was er als »nichtigen Vorwand« bezeichnet: »Seit dem 15. September (1889) gibt es für die Juden Bagdads keine Sicherheit mehr. Bisher wurden sie von den Muslimen Bagdads verachtet, und jetzt sind sie dank der Unvorsichtigkeit, die der Fanatismus sie begehen ließ, auf den Grad völliger Wertlosigkeit herunter gekommen. Sie haben einen Großteil ihrer Freiheit verloren. Kein Jude kann mehr mit erhobenem Kopf gehen oder sich ruhig dem Handel widmen. Obwohl alle Juden zurückgekehrt sind, sind die Suks immer verlassen. [...] Besonders seit einigen Tagen werden die Juden überall gehetzt und wie Raubtiere verfolgt. Da der Muslim sieht, dass der Jude in der jetzigen Zeit sogar Angst hat, sich auf der Straße zu zeigen, dass der bloße Anblick eines Muslims ihm Schrecken einjagt, erfindet er nur Listen und Gemeinheiten, um ihn auszunutzen.«[30]

»Ich habe den Alarm im Ghetto erlebt, die Türen und Fenster, die geschlossen wurden, meinen Vater, der herbeilief, nachdem er seinen

28 Yomtov Semach, *Une mission au Yémen*, Paris: Siège de la société, 1910, S. 64.

29 Zitiert in Paul Fenton und David Littman, *L'Exil au Maghreb*, a.a.O., S. 315.

30 Archive der Alliance Israélite Universelle, Irak-Dossier, I. C., 1, zitiert von Georges Bensoussan, *Juifs en pays arabes*, a.a.O., S. 125.

Laden in Eile verriegelt hatte, weil sich Gerüchte über das Bevorstehen eines Pogroms verbreitet hatten«, bemerkte Albert Memmi über seine Kindheit in Tunis um 1930. »Meine Eltern machten Einkäufe in Erwartung einer Belagerung, die nicht unbedingt von anderswoher kam, aber das war ein Maß für unsere Angst, für unsere ständige Unsicherheit. Wir fühlten uns damals von der ganzen Erde verlassen, und leider auch von den Behörden des Protektorats.«[31]

Von einem Ende der arabischen Welt zum anderen scheint die Institutionalisierung dieser mit Verachtung befleckten Herrschaft die Lage der Juden zu bestimmen. »Wir liebten drei Dinge auf der Welt«, bemerkte der Marokkaner Said Ghallab 1965 in der Zeitschrift *Les Temps modernes*, indem er sich auf das Marokko der 1930er Jahre bezog, »Fußball spielen, stehlen und die Juden in der *Mellah* drangsalieren.« »Milde Verachtung«: Im Jahr 1946 spricht der französische Beamte im höheren Dienst Étienne Coidan, der in Marokko arbeitet, von einer jüdischen Jugend, die immer emanzipierter wird und die »kaum die Verachtung erträgt, die [die muslimische Jugend] ihr instinktiv entgegenbringt, und zwar selbst in ihren äußeren Erscheinungsweisen der Freundschaft oder einfacher Liebenswürdigkeit.«[32] Diese Verachtung des »Arabers« gegenüber »dem Juden« wird das Verhalten des Kolonialherrn gegenüber den einen und den anderen bestimmen. Sie wird wie ein Integrationskode fungieren, und zwar in dem Sinne, wo es darum geht, von der Mehrheit der Einheimischen akzeptiert zu werden. »Das uralte Joch der Araber, das hart auf ihnen lastete«, schreibt der in Marokko stationierte Militärpfarrer Farb 1917 an den Großrabbiner des Zentralkonsistoriums, »hat auf sie eine Art von Komprimierung ausgeübt. Anstatt alle Sympathien auf sie zu vereinen [...], hat diese demütige und

31 Albert Memmi, *L'Arche*, Dezember 1973. Wiederabgedruckt in *Juifs et Arabes*, Paris: Gallimard, 1974, S. 50.

32 Georges Bensoussan, *Juifs en pays arabes*, a.a.O., S. 211.

ängstliche Einstellung häufig nur Kränkungen seitens der Araber und einiger französischer untergeordneter Beamter eingebracht, die sich, um dem arabischen Stolz zu schmeicheln, vorstellen, dass es zum guten Ton gehört, seine Verachtung der Juden öffentlich zu zeigen.«[33] Je mehr sich der jüdische Untertan demütigt, umso mehr stellt er seine Unwürdigkeit unter Beweis. Je mehr er sich auslöscht, umso mehr wird er ausgelöscht. Je mehr er beherrscht wird, umso mehr rechtfertigt er seinen Herrn in seiner Herrscherstellung, umso mehr scheint er deren Natürlichkeit zu legitimieren. »Je mehr man verfolgt wurde«, schreibt Yomtov Semach 1910 im Hinblick auf die Juden im Jemen, »umso mehr senkte man das Haupt unter der Verachtung des Arabers und umso aufrührerischer wurde man im Viertel. Das war die Rache.«[34] Je schwerer die Unterdrückung lastete, umso weniger können die Juden, die theoretisch durch das Gesetz befreit waren, Staatsbürger im vollen Sinne dieses Begriffs werden.

Die Juden sind zwar nicht die einzigen Opfer drückender Steuern, aber die Masse der Archive zeigt, dass sie stärker besteuert werden. So müssen sie zwei zusätzliche Steuern entrichten, die *ǧizya* (Individualsteuer) und die *Kharaj* (Grundsteuer). Auf gerichtlicher Ebene ist die Willkür zwar die Regel für alle. Aber für die Juden ist die Lage noch schlimmer, da ja vor einem Gericht ihr Wort null und nichtig ist. Und es genügt die Zeugenaussage zweier Muslime, um sie zu verurteilen.

Die Bildung ist der erste und wichtigste Faktor für die Emanzipation der Juden des Orients gewesen; sie war es, die zur Erschütterung der arabisch-muslimischen Bevormundung führte. Im Zentrum der schulischen Revolution, die am geistigen Erwachen tausender Bewusstseinswelten Anteil haben wird, nimmt die Alliance Israélite

33 Archive AIU (Alliance Israélite Universelle), Marokko, I-J, 1, 11. September 1917.

34 Yomtov Semach, *Une mission au Yémen*, a.a.O., S. 88.

Universelle (die 1860 in Paris gegründet wurde) eine wesentliche Stellung ein.

Mit Bezug auf die Schule der Alliance in Marrakesch (Marokko) bemerkte die Ärztin Françoise Legey, die wir weiter oben erwähnt haben, im Jahr 1910: »Danach gehen wir zur Schule der Alliance Israélite und sind entzückt von der Klugheit der Lehrer, vom Grad der Gelehrtheit der Kinder [...], einhundertundfünfzig kleine Jungen, verteilt auf fünf Klassen; wir glaubten, in einer unserer guten Grundschulen zu sein, als wir die Kinder hörten, wenn nicht diese schwarzen Leviten und Chechias gewesen wären, die in ganz Marokko die obligatorische Kleidung der Juden darstellen, die Untertanen des Sultans sind; außerdem sind diese Kinder schmutzig und schlecht ernährt, fast alle sind grindig; sie befolgen kaum die guten Ratschläge zur Sauberkeit, die ihr Lehrer ihnen gibt, und letztere brauchen echte Selbstlosigkeit, um unter solchen Bedingungen Unterricht zu halten.«

Die Alliance wird weniger zur Weitergabe einer Tradition beitragen, als vielmehr dazu, wie man lernt, die Welt anders wahrzunehmen, ja, sie als verschieden von derjenigen anzusehen, die von den Vorfahren überliefert wurde. In diesem Sinne hat die Bildungsbemühung, die von Europa ausging, die Emanzipation der jüdischen Gesellschaften in der arabischen Welt gefördert. Dies wird auch einer der Gründe für den Abgrund sein, der schon bald Juden und Muslime voneinander trennen wird, wenn das Erbe der Aufklärung frontal mit der Unterwerfung zusammenstoßen wird, die den Juden aufgezwungen wurde. »Am Ursprung von allem steht zunächst die Ablehnung«, schrieb Jean-Paul Sartre 1960 in seinem Vorwort für die Neuausgabe von *Aden* von Paul Nizan.[35] Die »Ablehnung«, das war hier in erster Linie die einer kodifizierten Unterwer-

35 Paul Nizan, *Aden Arabie*, Paris: Éditions François Maspero, 1960; dt.: *Aden*, übers. v. T. König, Reinbek: Rowohlt, 1993.

fung, als die Demütigung eines Tages aus einem dunklen Grund unerträglicher als gewöhnlich wurde.

Die Befreiung macht aus jeder Unterdrückung eine Geschichte, mit ihrer Entstehung und ihrem Ende. Sie nimmt jeder Tradition ihren sakralen Charakter, eine Feststellung, die heute für die Menschen des Abendlands zwar gewiss banal ist, aber für die Juden des arabischen Orients um 1900 revolutionär war. Vielleicht gegen ihren Willen war die von Europa gekommene Schule der Ort des Kampfes gegen die Unterwerfung. Dort, wo man in kleinen Schritten lernte, das abzulehnen, was die Vorfahren stillschweigend akzeptiert hatten. Es ist diese Ablehnung, die von den seit jeher Unterworfenen ausging und die die arabischen Kommentatoren mit demselben Wort bezeichnen, das in ihren Chroniken unablässig wiederholt wird: »Hochmut.«

Die Gräuel der *Mellah* sind mit der Zeit nicht schwächer geworden, wie die bis zu den 1950er Jahren rasch veranlassten Untersuchungen zeigen. 1926 bemerkt Jacques Bigart, Generalsekretär der Alliance Israélite Universelle, bei einem Besuch in Marokko: »Ich habe viele Elendsviertel in Paris besucht, ich habe die jüdischen Armenviertel in London, Algier und Tunis besucht: Das ist schon fast Schönheit im Vergleich zu bestimmten Straßen der *Mellah* von Marrakesch. Ich bin in Dutzende Häuser gegangen, und das Schauspiel, das sich oft meinen Augen darbot, spottet in seiner Traurigkeit und seinen schmerzlichen Feststellungen jeder Beschreibung.« Fast dreißig Jahre später trifft Albert Memmi 1953 eine nahezu gleiche Feststellung: »Wir bezahlen für unsere ursprüngliche Existenz und unsere Traditionen mit dem physiologischen Elend, mit der Unterernährung, der Tuberkulose, Syphilis, mit Geisteskrankheiten. Ein Fünftel der Bewohner des Ghettos ist nachweislich tuberkulös! Nein, wir erleben eine historische Katastrophe.«[36] In den Gebieten, die unter türkischer

36 Albert Memmi, *Juifs et Arabes*, a.a.O., S. 84 (Text aus dem Jahr 1953).

Kontrolle stehen, wurde der Status der Dhimmi in der Mitte des 19. Jahrhunderts durch die Reformen (*Tanzimat*) von 1839 und 1856 abgeschafft (zumindest theoretisch). Dem Gesetz nach, aber nicht in Wirklichkeit, wie das Beispiel Tunesiens zeigt, über das der tunesische Historiker Habib Kazdaghli vor kurzem schrieb: »Die Tradition der Beys, Juden aus der Armee auszuschließen, die nach dem Fundamentalpakt beibehalten wurde, hat sich auch nach der Einrichtung des französischen Protektorats aufrecht erhalten.«[37]

Diese Lage hat einen schädigenden Einfluss auf die Menschen ausgeübt. Zahlreichen Zeitgenossen zufolge wurden Heimlichtuerei und Gemeinheit durch das Herrschaftsverhältnis und die Angst gefördert. Camille Debans bemerkt 1876 noch im *Figaro* (»Voyage dans un fauteil« [Reise in einem Sessel]): »Diese Unglücklichen sind zum größten Teil abscheulich. Sie sind vom Atem der vollständigsten Niedertracht beseelt. Nicht dass ihre Züge unregelmäßig wären, aber man ist bestürzt von ihrem Ausdruck von Gemeinheit und Niedertracht, was durch den Zustand der Unterdrückung und Demütigung erklärt wird, in dem sie leben.«[38] Dieselbe Feststellung trifft James Bernard Ginsburg in seiner Zeitschrift (*Jewish Intelligence*), datiert vom 1. September 1870: »Ein solch anhaltendes und zermalmendes System der Unterdrückung hat allem Anschein nach seine Spur im jüdischen Charakter hinterlassen: Sie sind devot und verschlagen geworden. […] Der verhohlene, aber unruhige Blick, der Blick des Parias, das gezwungene Lächeln, das leise Flüstern bei Unterhaltungen und vor allem der ängstliche und niedergeschlagene Gang, all dies bringt nachdrücklich das ständige Gefühl von Angst und Unterdrückung zum Ausdruck, das in ihrem Innern lebt.«[39]

37 Abdelwahab Meddeb und Benjamin Stora (Hg.), *Histoire des relations entre juifs et musulmans des origines à nos jours*, Paris: Albin Michel, 2013, S. 317.

38 Zitiert in Paul Fenton und David Littman, *L'Exil au Maghreb*, a.a.O., S. 315.

39 Ebd., S. 309.

Man begegnet dieser Angst nahezu ungebrochen in den meisten arabischen Ländern wieder, sobald Momente der Spannung auftreten. Wie beispielsweise im Irak, wo unmittelbar nach dem Pogrom vom Juni 1941 Salim Fattal, ein Bagdader Jude, berichtet, der vor Ort war und seinen Bruder während des Farhud verlor: »Die Juden standen unter dem Einfluss der Angst: Angst zu sprechen, Angst auszugehen, Angst, Anzeige zu erstatten, sogar Angst, ihre Toten zu bestatten. Einem Erlass zufolge, der von den obersten Machtkreisen ausging, wurden die Körper der ermordeten Opfer in aller Hast aufgestapelt und in einem Massengrab wie Unbekannte, Namenlose ohne Identität und Würde beerdigt.«[40]

40 Zitiert von der israelischen Historikerin Esther Meir in *Revue d'histoire de la Shoah* [in der Folge abgekürzt durch *RHS*], Oktober 2016, Nr. 205: *Les Juifs d'Orient face au nazisme et à la Shoah (1930-1945)*. Salim Fattal, Filmemacher, ist Autor des Buches *Les Ruelles de Bagdad*, aus dem diese Zeilen entnommen sind.

KAPITEL 2

Das Beispiel Tunesiens

Im düsteren Bild der Lage der Juden auf arabischem Boden zu Beginn des 20. Jahrhunderts wurde Tunesien, zusammen mit Ägypten und dem Libanon, lange Zeit als ein Land der friedlichen Koexistenz betrachtet, obwohl es einige misstönende Stimmen gab, wie beispielsweise die von Albert Memmi, der die illusionäre Seite dieser »glücklichen Koexistenz« hervorhob.

Tatsächlich umgibt auch weiterhin bis heute ein betretendes Schweigen[41] die Geschichte der antijüdischen Gewalttaten arabischen Ursprungs im kolonialen Maghreb und *a fortiori* unter dem Vichy-Regime. Manchmal hat die extreme Rechte Frankreichs, die in Nordafrika[42] fest verwurzelt ist, dazu angestachelt. Aber die meisten Anstöße zur Gewalt gegen Juden waren arabisch-muslimischen Ursprungs und hatten keine spezifische Verbindung mit der extremen Rechten und den kolonialen Kreisen. Auch wenn es tatsächlich feststeht, dass der arabische Antijudaismus durch den Antisemitismus der französischen Kolonialherrschaft überall verschlimmert wurde, war dennoch der Maghreb, und insbesondere Marokko,

41 Der deutsche Historiker Matthias Küntzel berichtet, dass er nach einer Einladung, an der britischen Universität von Leeds einen Vortrag zu halten, aufgrund von Protesten muslimischer Studenten gezwungen wurde, dessen Titel zu ändern. »Das Erbe Hitlers: Der islamische Antisemitismus im Mittleren Osten« wurde so zu: »Das Nazi-Erbe: die Exportierung des Antisemitismus in den Mittleren Osten«, Matthias Küntzel, *Jihad et haine des Juifs*, Paris: Éditions du Toucan, S. 212.

42 Insbesondere PPF (Parti populaire français, französische Volkspartei) und Croix-de-Feu.

schon lange vor Ankunft der Franzosen die Stätte eines gewalttätigen Antijudaismus, wie die beeindruckende Vielzahl von Dokumenten zeigt, die aus dem Arabischen und Hebräischen übersetzt und 2010 von David Littmann und Paul Fenton veröffentlicht wurden.[43]

Am 4. Dezember 1940 erinnerte eine diplomatische Note, die von der Generalresidenz ausging, dem Sitz der französischen Kolonialmacht in Tunesien[44], an die Mitgliederzahlen der jüdischen Gemeinde: etwa 74000 Personen, von denen 60000 Untertanen Tunesiens waren. Ein Zusatz lautete: »Diese Rasse, die von ihren Herren an eine untergeordnete Stellung gewöhnt wurde, (sollte) sowohl in Europa als auch in Afrika die Last der Fronarbeiten, Kränkungen, eines erschwerten Steuerwesens tragen. Das Tragen einer besonderen Kleidung dunkler Farbe war für sie obligatorisch, und die Muslime nötigten sie zu einer erniedrigenden Unterwürfigkeit. Der Staat hielt sie sozusagen von der Umwelt abgekapselt und duldete sie mehr, als dass er sie verwaltete. [...] Die meisten Juden afrikanischen Ursprungs lebten in einem Zustand, der an die tiefste Erniedrigung grenzt.«[45]

Der Kolonisator weiß also schon seit Langem, wie die Lage der Juden auf arabischer Erde aussah. Eine Lage, die in Tunesien anscheinend weniger schlimm als anderswo war, insbesondere wenn man sie mit der Situation der Juden in Marokko, im Irak (Mesopotamien) und im Jemen vergleicht. Näher betrachtet, wird man jedoch von der Wiederkehr eines einheimischen Antijudaismus verblüfft, den die folgende interne Note des Protektorats zum Ausdruck bringt (20. April 1939[46]): »Es scheint jedoch, dass dieses

43 Paul Fenton und David Littman, *L'Exil au Maghreb*, a.a.O.

44 »Sur la question juive en Tunisie« (Quelle: Centre des archives diplomatiques de Nantes [CADN]).

45 CADN, Tunesien, 1870/2 Mi. 424.

46 CADN, Tunesien, classement Bernard, 1870/2 Mi. 424, Akte 2504.

Gefühl zahlreichen Muslimen und einer wachsenden Zahl von Europäern eigen ist.« Drei Jahre zuvor, am 6. Oktober 1936 berichtete eine offizielle Note über »antisemitische Vorfälle«, die in Nabeul (Tunesien) stattfanden: »Am 5. Oktober gegen 23 Uhr«, schreibt der französische Polizeikommissar, »gingen etwa vierzig junge muslimische Tunesier, die nach Nabeul gekommen waren, um vor der Revisionsstelle zu erscheinen, am Ort umher und sangen. Das taten sie [...] bis zu weit vorgerückter Stunde in der Nacht. Heute Morgen, als sie vor dem Laden des Israeliten Abraham Khamous Haddad, des Gemüsehändlers, vorbeikamen, haben einige von ihnen zwei Körbe mit Tomaten auf die Erde geschüttet. Etwas weiter stahlen sie eine Dose Sardinen, nachdem sie in die Klitsche des Israeliten Schisch Makhlouf eingedrungen waren. Auf der Straße haben sie die Israeliten Kiki Abraham Hayoun und Joseph Uzan leicht angerempelt.«[47] Diese Vorfälle haben, für sich genommen, nur wenig Bedeutung. Aber sie machen auf ein Klima aufmerksam, das den Bericht bestätigt, den der Marokkaner Said Ghallab der Zeitschrift *Les Temps modernes* im Juni 1965 gab, als er erklärte, dass »die Drangsalierung der Juden«[48] ein beliebter Zeitvertreib eines Großteils der örtlichen arabischen Jugend war.

Diplomatische Quellen, Polizeiakten und Erzählungen zeitgenössischer Juden heben das unsichere Klima hervor, das die Beziehungen zwischen Juden und Arabern in Tunesien und anderswo kennzeichnete.[49] Viele betonen, dass dieses Klima für den

47 CADN, Tunesien, 1870/2 Mi. 424.

48 Said Ghallab, »Les Juifs vont en enfer«, *Les Temps modernes*, Juni 1965, Nr. 229.

49 Nach der Landung der Alliierten in Algerien (8. November 1942) versucht die jüdische Gemeinschaft, den Crémieux-Erlass wiederherzustellen. Die Haltung der Muslime ist ambivalent, geteilt zwischen Ablehnung und der Sorge, ihr Schicksal an die Wiederherstellung der Rechte der Juden zu knüpfen. Mit anderen Worten, nicht am Wegesrand der Emanzipation liegen gelassen zu werden. Von da aus rührt der manchmal scharfe Austausch zwischen den (religiösen oder zivilen) Anführern der Juden und der Muslime. Das Treffen des 13. Dezember 1942, das von den Juden initiiert wurde, schlägt in einen Zusammenstoß um. Der muslimische Rechtsanwalt Abdelkader Haddou: »Wenn Ihre Rechte wiederhergestellt werden, ohne dass die Einheimischen

geringsten Vorfall anfällig war. In *Die Salzsäule*[50] berichtete der jüdisch-tunesische Schriftsteller und Soziologe Albert Memmi, von dem wir bereits gesprochen haben, über die Atmosphäre latenter Feindseligkeit, um nicht zu sagen, die Angst, die die Juden ergriff, die gezwungen waren, arabische Viertel zu durchqueren, und aus nichtigem Anlass riskierten, dort geschlagen zu werden.

Nach den Ereignissen, die in der benachbarten Stadt Constantine (Algerien, August 1934) stattfanden, treibt die Angst die jüdischen Kriegsveteranen Tunesiens dazu, sich Waffen zu besorgen.[51] Ihre Furcht wird außerdem durch die Frage des »Zugangs israelitischer Tunesier zu öffentlichen Ämtern, mit gleichem Recht und unter denselben Bedingungen wie ihre muslimischen Mitbürger« geschürt, wie die Formulierung der örtlichen Polizei in einer Note vom 10. Dezember 1935 lautet. Tatsächlich markiert diese Maßnahme in den Augen eines nicht unbeträchtlichen Teils von Muslimen »eine eklatante Verletzung ihrer heiligsten Rechte, indem sie den Söhnen Israels, ihren seit jeher erbitterten Feinden, erlaubt, mit ihnen in Konkurrenz zu treten und sie vielleicht eines Tages in der Verwaltung ihres eigenen Landes zu ersetzen.« Als Beweis führen sie die privilegierte Situation an, die »die intriganten Juden« in Algerien sich Schritt für Schritt zum Nachteil des »Einheimischen,

diese Privilegien teilen, wird es in Algerien eine Welle des Zorns gegen Sie geben, und der Antisemitismus der unseren wird keine Grenzen mehr kennen.« Moufdi Zakaria, Führungskader der algerischen Volkspartei (von Messali Hadj) spricht von »der Geschichte des jüdischen Verrats« etc. Der Historiker Emmanuel Debono, der diese Texte zitiert, bemerkt »die wirkliche Genugtuung mancher Muslime angesichts der politischen und wirtschaftlichen Zurücksetzung der Juden. [...] Zwei Jahre der Abschaffung scheinen nicht zu einer echten jüdisch-muslimischen Annäherung geführt zu haben.« Als im Juli 1943 der Sold der israelitischen Soldaten Algeriens erneut an den der Soldaten europäischer Abstammung angeglichen wird, bemerkt General Catroux, Generalgouverneur Algeriens, dass die Wiederherstellung der ungleichen Behandlung von Juden und Muslimen für letztere ein Skandal ist »und dass ihnen die Worte fehlen, um ihre Empörung auszudrücken«, in: Emmanuel Debono, »Le difficile rétablissement du décret Crémieux (novembre 1942 – octobre 1943)«, *RHS*, Oktober 2016, Nr. 205.

50 Albert Memmi, *La Statue de Sel*, Paris: Gallimard, 1953; dt.: *Die Salzsäule*, übers. v. Gerhard M. Neumann, Hamburg: Europäische Verlaganstalt, 1995.

51 CADN, Tunesien, 1870/2 Mi. 424.

der auf den letzten Platz verwiesen wurde«, zu sichern wussten. Der Polizeikommissar, der Autor der Note, fügte hinzu: »Aber im Grunde fürchten die Muslime, und insonderheit die Intellektuellen, vor allem die Konkurrenz der Israeliten, weil diese, die aus Familien stammen, welche im Allgemeinen wohlhabender als ihre eigenen sind, ihre Studien müheloser betreiben, insbesondere an den verschiedenen französischen Fakultäten, und insgesamt mehr französische Abschlusszeugnisse erhalten. Fast alle meinen, dass diese zahlreichen diplomierten Juden, vor allem die jungen Mitglieder der Anwaltskammer, unfehlbar um die verschiedenen offenen Stellen konkurrieren werden und, da sie besser vorbereitet sind als sie selbst, sie ausstechen werden. […] Gewissen Gerüchten zufolge, die während des gestrigen Abends zirkulierten, würden verschiedene muslimische Kreise der Hauptstadt die Möglichkeit in Betracht ziehen, binnen kurzer Zeit einen Generalstreik und die Schließung aller Läden zu veranstalten, um gegen das zu protestieren, was sie als ›Gunst den Juden gegenüber‹[52] bezeichnen.«

Im Jahr 1932 markieren die Vorfälle in Sfax den Beginn einer langen Reihe von Zusammenstößen zwischen Juden und Arabern in Tunesien. Im Juli 1936 kommt es zu »Prügeleien zwischen Israeliten und Arabern«, bei denen eine Verstrickung der französischen extremen Rechten nachgewiesen wird. Der französische Antisemitismus wurde durch die Machtübernahme des Front populaire (1936) verschlimmert und noch mehr durch die Niederlage vom Juni 1940. Am 22. Oktober 1940 schreibt der Leiter der Sicherheitsdienste an den Generalresidenten: »Die französische Bevölkerung vertritt im

52 CADN, Tunesien, 1870/2 Mi. 424. Die wirtschaftliche Blüte, die an die Kolonialisation sowie an die Einrichtung von Schulen in der jüdischen Gemeinschaft geknüpft war, zog die Bereicherung eines Teils nach sich. Da sie etwas wohlhabender und zahlreicher waren, rufen diese Juden einen Neid hervor, der den Groll des arabischen Kolonialsubjekts heraufbeschwört. Dennoch lebt die Mehrheit der Juden Tunesiens in allgemeiner Armut und ein Teil von ihnen sogar im Elend.

Allgemeinen die Auffassung, dass die Juden zum großen Teil für die Schlappen unseres Landes verantwortlich sind und stimmt der Einschränkung zu, die ihrer Tätigkeit soeben auferlegt wurde[53] [...]. Es war notwendig, die Israeliten aus ihren Vorgesetztenfunktionen und aus allen Stellen, die einen Einfluss auf die öffentliche Meinung gestatten, zu entfernen: Presse, Kino, Radio etc.« Der Beamte weist außerdem darauf hin, dass »manche Franzosen, die zumeist den Parteien der extremen Linken angehören, unterdessen von dieser Gelegenheit profitieren, um ihren Groll gegenüber der Regierung der Großstadt auszudrücken, die angeklagt wird, rassistische Maßnahmen ergriffen zu haben, die von totalitären Staaten angeordnet oder inspiriert worden sind.«[54]

Schon seit langem durch den Antisemitismus verdorben, steht die Kolonialverwaltung praktisch nicht im Verdacht, den Juden wohl gesonnen zu sein, wie folgende Note zeigt, die am 3. Juli 1923 vom Generalresidenten in Tunesien, Lucien Saint, an den Präsidenten des Staatsrats in Paris adressiert ist[55]: »Die schlechte Saat, die in die israelitische Masse geworfen wurde, wird wahrscheinlich nicht verloren sein. Da sie von Natur aus Anarchisten und Revolutionäre sind und allem fremd gegenüber stehen, was auch noch so entfernt einen gewissen Bezug zur Idee des Vaterlands haben mag, stellen die tunesischen Juden, ebenso wie jene des ganzen Orients, ein ausgezeichnetes Feld für ihre traurigen Hirten dar. In unseren Schulen ausgebildet, voller schlecht verstandener und unverdauter Prinzipien, sind sie reif für den Kommunismus wie ihre Glaubensbrüder in Algerien und völlig bereit, in deren Fußstapfen zu treten.«

Die Kenntnis dieses Geisteszustands und dieses Umfelds gestattet, die Zunahme von Vorfällen zu verstehen, die Juden und Araber

53 Es geht hier um die Judenstatuten vom 3. und 4. Oktober 1940 (Anmerkung des Autors).

54 CADN, Tunesien, 1870/2 Mi. 424.

55 Von 1921 bis 1929. Quelle: CADN, Tunesien, 1870/2 Mi. 424 (code 668, Akte Nr. 3).

zu Beginn der 1940er Jahre in Opposition zueinander bringen. Am 6. August 1940 wird die Region von Kef von neuen Gewalttaten erschüttert: »Um zu vermeiden, dass die Aufwallung stärker wird«, schreibt der Leiter der Sicherheitsdienste, »hat der Polizeichef die jüdischen Händler ersucht, ihre Waren zusammenzutragen und wegzugehen, was die Ruhe für einen Augenblick wiederherstellte. Doch als der zuvor erwähnte Tunesier plötzlich in das Zelt des Israeliten eindrang, mit dem er sich gestritten hatte, riss er zwei Frauenhemden an sich und ergriff die Flucht, wurde jedoch wieder eingefangen und inhaftiert. Kurz darauf wurde der Lieferwagen jüdischer Händler, die den Markt verließen, von etwa 3000 Muslimen umringt, die ›Tod den Juden!‹ schrien und das Fahrzeug mit Steinen bewarfen. [Man musste] die Polizeistation befreien; sie war von 2000 Menschen umringt, die mordlüsterne Schreie ausstießen und Knüppel und Steine schwangen«, fügt der Präfekt hinzu.[56]

Ein anderer, detaillierterer Bericht gibt zu verstehen, dass es sich um den Beginn eines Pogroms handelte, dessen Ursprung in dem Gerücht bestand, dass die Juden ein kleines Mädchen entführt hätten, um es zu vergewaltigen: »Die Muslime gruppierten sich und wollten das kleine Mädchen retten, sie traten die Tür ein, und das Mädchen wurde gerettet [...]. Der Laden wurde im Handumdrehen geplündert, das war das Signal der Jagd auf die Juden [...]. Die Araber versuchten, die Läden und Wohnungen anzuzünden, nachdem sie sie geplündert und verwüstet hatten. Zum Glück trafen die Patrouillen überall rechtzeitig ein, um die beginnenden Brände zu löschen. [...] Gegen 21 Uhr begannen Plünderung sowie Brandstiftungsversuche erneut. Eine Tür der Synagoge wurde von den Arabern, die versuchten, dort Feuer zu legen, mit Petroleum übergossen, ein Soldatenposten des 257. Infanterieregiments wurde zur

56 CADN, Tunesien, 1870/2 Mi. 335.

Überwachung dort gelassen.«[57] Der Anblick eines verletzten Arabers »bewirkte die leidenschaftliche Erregung der muslimischen Bevölkerung und es gab einen allgemeinen Ansturm auf die Wohnungen der Juden. Türen wurden eingeschlagen, Möbel zerschmettert, die Plünderung organisiert.«

Im Jahr 1940 bemerken die Dienste der Generalresidenz, dass der Bey, der den Juden offensichtlich feindlich gesonnen war, »erklärt hätte, dass England am jüdischsten sei. Er verbot den israelitischen Künstlern seines Privatkonzerts den Zugang zum Palast und sah zum Monatsende die Entlassung eines seiner Ärzte vor.«[58] Im selben Jahr berichtet eine weitere Note über die Verachtung, die der Herrscher den Juden entgegenbringt und die ihn vor einigen Monaten dazu bewogen hatte, die israelitischen Künstler, die seine Konzerte komponierten, zu entlassen, um sie durch Muslime zu ersetzen. Er hat seine Befriedigung über die Strafurteile, die in letzter Zeit gegen die Spekulanten der Stadt ergingen, zum Ausdruck gebracht, ebenso wie er der Abschaffung des Crémieux-Erlasses Beifall spendete. Mit Bezug auf die in Frankreich ergriffenen oder geplanten Maßnahmen hinsichtlich der Juden hat er wörtlich gesagt: »Frankreich ist endlich erwacht, alle Juden, die die französische Staatsbürgerschaft annehmen, sind Kommunisten und dienen Russland.« Im Palast hat er erklärt, »dass er bereit ist, in Tunesien alle möglichen Gesetze gegen die Juden anzuwenden«, die er als »Parasiten«[59] bezeichnet.

Dennoch gab es in Tunesien nie eine antijüdische Einmütigkeit. Das zeigt die am 2. September 1941 gegenüber dem Bey eingeschlagene Vorgehensweise, als die jüdischen Abgeordneten vor ihm

57 Ebd.

58 CADN, Tunesien, classement Bernard, 1871/2 Mi. 335.

59 Im Juni 1942 besteigt der neue Bey, Moncef, den Thron. Seine Haltung ist radikal anders. Während die Juden verfolgt werden, verleiht Moncef etwa zwanzig von ihnen die höchste tunesische Auszeichnung (*Nishan Iftikhar*).

gegen die Maßnahmen protestieren, die gegen ihre Gemeinschaft ergriffen wurden. Mehrere muslimische Würdenträger, darunter Intellektuelle und Lehrkräfte, begleiten sie, um »die Aufmerksamkeit seiner Hoheit des Bey auf den antireligiösen Charakter des Plans [zu lenken], der einen Teil seiner Untertanen treffen sollte; sie erinnerten an bestimmte Vorschriften des Korans, denen zufolge die Fremden, die auf tunesischem Boden leben, auf gleicher Ebene wie die Einheimischen des Landes behandelt werden sollten, und dass die Sünde, die vom Propheten Mohammed als die schwerste gebrandmarkt wurde, darin bestand, auf irgendeine Weise gegenüber Personen oder Gütern von Nicht-Muslimen aufgrund ihrer anderen religiösen Glaubensüberzeugungen oder ihrer Eigenschaft als Fremde Anschläge zu verüben.«[60]

Gerührt von der Gegenwart dieser Honoratioren sowie von den dargelegten Gründen, habe der Herrscher den Juden antworten lassen, wie in der Vergangenheit ohne Furcht ruhig ihren Beschäftigungen nachzugehen, und dass er keine besondere Maßnahme zulassen wird, die imstande wäre, sie in einen Zustand der Unterlegenheit gegenüber seinen anderen Untertanen und erst recht gegenüber fremden Staatsangehörigen (insbesondere Italienern) zu versetzen.

Im selben Sinne »werden ähnliche Schritte von den tunesischen Juden bei gewissen Damen am Hof des Bey unternommen. Diese haben ebenfalls versprochen, ihren Einfluss geltend zu machen, damit den tunesischen Juden keinerlei wie auch immer geartete missbräuchliche, demütigende oder abträgliche Behandlung widerfahren solle.«[61]

Seitens des tunesischen einfachen Volkes bleibt dagegen die Feindseligkeit latent. Vom 23. bis 25. Mai 1941 wird das Judentum

60 CADN, 1871/2 Mi. 335.
61 Ebd.

von Gabès durch einen Krawall erschüttert. Den Polizeiberichten zufolge begannen die Ausschreitungen, als etwa dreißig Araber Juden angriffen, die aus einer Synagoge kamen, »und zwar unter den gleichgültigen Blicken einheimischer Polizisten«, wie der Historiker Norman Stillman bemerkt. »Die Gewalt verbreitet sich anschließend in den Wohnvierteln. Eine Frau, die das Abendessen für ihre Familie zubereitete, wurde gefoltert und dann zu Tode gesteinigt. Da sie eine allgemeine Anarchie befürchtete, griff die Polizei schließlich ein, um die Gewalt unter Kontrolle zu bringen. Letztendlich wurden sechs Juden getötet und sieben weitere verletzt.« Stillman fügt hinzu: »Einem Überlebenden zufolge beteiligten sich Araber, die am Vorabend gemeinsam mit den Juden an einer Feier teilgenommen hatten, am nächsten Morgen an den Unruhen.«[62]

Die Polizeiarchive von Gabès bestätigen diese ersten Anhaltspunkte. Am 25. Mai 1941, am Ende der Unruhen, wendet sich der Caïd von Arah an den Premierminister in Tunis und beginnt damit, die Namen der sechs jüdischen Opfer zu nennen. Ohne die zwölf jüdischen Verletzten zu zählen, zu denen man, wie er klarstellt, »noch eine bestimmte Zahl von Muslimen hinzufügen muss, ist es möglich, dass auch noch andere Muslime verletzt wurden, denn die Gendarmen haben gefeuert, um ihren Vorgesetzten zu verteidigen, der ermordet worden wäre, wenn die Gendarmen ihm nicht zu Hilfe geeilt wären.« Die Unruhen, erklärt er weiter, hätten nur eine Viertelstunde gedauert, sie waren spontan und im Wesentlichen das Werk kleiner Gauner, die es auf Plünderung abgesehen hatten.

Der Caïd weist jegliche politische Ursache und jeden organisierten Charakter dieser Gewalttätigkeiten zurück, die ihm zufolge keinerlei Verbindung zu den Ereignissen in Palästina oder im Irak

62 *RHS*, Oktober 2016, Nr. 205.

hätten[63], wenn er auch einräumt, das die »Angelegenheiten in Palästina« den Zorn der Muslime anzuheizen vermocht haben. Dagegen vertritt er die Ansicht, dass »die vermögende Lage der Israeliten im Vergleich zu den Muslimen« sowie die »Machenschaften« der Juden, die darauf abzielten, eine unechte Knappheit an Textilien zu Spekulationszwecken zu erzeugen, und schließlich der Wucher ihre Rolle bei diesen Gewalttätigkeiten gespielt hätten. Faktoren, die seiner Meinung nach durch die Unterschlagung mancher jüdischen Wucherer, die sich weigerten, ihre Güter an die Kreditnehmer zurückzugeben, indem sie leugneten, von ihnen den Schmuck zur Aufbewahrung erhalten zu haben, nur noch verschlimmert wurden.

»Ich glaube nicht, dass diese Unruhen das Ergebnis einer allgemeinen Bewegung des Antisemitismus sind«, sagt der Caïd schließlich, »denn eine ähnliche Aggression wurde in den Scheichtümern von Menzel, in denen eine bedeutende Zahl von Israeliten wohnt, nicht begangen. Es handelt sich also um eine Handvoll Leute ohne Treu und Glauben, mit üblen Vorstrafen, die heimtückisch planten, die Häuser einiger Juden von Djara zu plündern. [...] Ich weise ausdrücklich darauf hin, dass die Oberhäupter und der größte Teil der Einwohner von Djara und Menzel zum Zeitpunkt der Unruhen Hilfe leisteten, um zahlreiche israelitische Familien aus der Nachbarschaft zu beschützen. Andererseits habe ich gestern die israelitischen Oberhäupter beim Scheich Houati Haddad und Rabbi Chaim Houri, dem Großrabbiner von Gabès, versammelt. Nachdem ich darauf hingewiesen hatte, dass die muslimische Religion ein derartiges Treiben verurteilt, habe ich ihnen gegenüber Garantien übernommen, da man mir gestern mitgeteilt hat, dass junge Israeliten, die in den europäischen Vierteln wohnen, die

63 Zum selben Zeitpunkt greift nämlich die britische Armee im Irak ein und besetzt Bagdad am 1. Juni 1941.

Absicht hätten, sich zu rächen. Ich habe von diesen Oberhäuptern verlangt, wachsam zu sein, das Handeln dieser jungen Leute zu überwachen und mir alles zu unterbreiten, was ihnen verdächtig zu sein scheint. Ich möchte klarstellen, dass sie ebenso wie die Muslime für alle Handlungen ihrer Glaubensgenossen verantwortlich sind.«

Der Bericht der französischen Behörden weicht davon ab, ebenso wie übrigens auch der des italienischen Generalkonsuls in Tunis, Silimbani.[64] Am 24. Mai 1941 schreibt der Beauftragte für öffentliche Sicherheit in Tunis an den Präfekten (Leiter der Sicherheitsdienste): »Eine derartige Vorbereitung ging also von einem festen Willen aus, denn der latente Antisemitismus, der überall zwischen Juden und Arabern existiert, und sich manchmal in entsprechenden Massakern Bahn bricht, an deren Ursprung jedoch immer ein besonderer Vorfall auf der Straße festgestellt wird, der sie augenblicklich hervorruft, genügt nicht, um dieses Massaker zu erklären, dessen Ursprung untersucht werden muss, und vor allem darauf haben sich meine Bemühungen konzentriert. [...] Von diesem Tag an [der französische Beamte spielt auf den 5. Mai 1941 an] wurde über geringfügige Vorfälle berichtet [...]. Das Bespucken von Juden, das Werfen von Steinen seitens arabischer Jungen, einzelne Sarkasmen, alles Zeichen, die nicht über einen neuen Geisteszustand hinwegtäuschen können, der sich abzeichnet und dessen Gefährlichkeit die Israeliten wahrzunehmen begannen. [...] So deutete also alles

64 In seinem Bericht vom 27. Mai 1941 erklärt der italienische Konsul, dass der Vorfall in der Nacht des 19. Mai begonnen hatte, als ein Araber vier junge Jüdinnen beleidigt hatte, die ihn im Gegenzug geschlagen hatten. Der Angreifer erstattet Anzeige beim Kadi, der ihm gesagt haben soll: »Das ist das erste Mal in meiner langen Laufbahn, dass ich höre, dass die Juden einen Araber geschlagen haben.« Der Bericht entflammt die Leidenschaften des Volkes. Es ist der Beginn des Aufruhrs. (Quelle: Nationalarchive Italiens, Fonds ASMAE, AP, Tunesien, Mappe 12, zitiert von dem israelischen Historiker Daniel Carpi »Les Juifs de Tunisie pendant la Seconde Guerre mondiale«, übersetzt aus dem Hebräischen von Claire Darmon, *RHS*, Oktober 2016, Nr. 205). Es ist festzuhalten, dass der Bericht des italienischen Konsuls, so Daniel Carpi, von Zeugenaussagen zweier Juden, die aus Gabès stammen und in Israel leben, bestätigt wurde.

darauf hin, dass ein Plan in Vorbereitung war, um in Anschläge auf Juden zu münden, Anschläge, deren Ausmaß man zwar nicht erkennen konnte, aber bei denen alles die Vermutung stützte, dass es schlimm sein könnte, seitens einer feindseligen und gewöhnlich blutrünstigen Menge, wenn sie einmal entfesselt ist. [...] Alles bestätigt die Vorsätzlichkeit, den organisierten Plan, der aus den Vorfällen der oben genannten Personen hervorgeht. Waren sie hinreichend, ein systematisches Massaker hervorzurufen? Es gibt zwar keinen Grund, das zu glauben, aber sie haben den Vorwand geliefert, der dazu diente, das Gefühl des Abscheus, das von den Arabern gegenüber den Juden genährt und vor allem seit Kriegsbeginn durch das Verhalten letzterer im Bereich des Handels wachgehalten wurde, zum Überkochen zu bringen.«

Zweifellos, so fügt die französische Polizei hinzu, haben die Nachrichten, die aus Palästina kamen, zusammen mit der arabischen Propaganda die Lage noch verschärft. Aber die »wahren Ursachen müssen, wie oben bereits gesagt wurde, im Hass gesucht werden, der überall latent zwischen dem einen und anderen Bevölkerungsteil existiert und zeitweise einen ausgeprägten Charakter annimmt, den die Ereignisse fördern und verschlimmern, und der, wenn schließlich ein Vorwand gefunden ist, sich in gewalttätigen Vorfällen äußert. In Gabès gab es keine anderen Gründe für die Ereignisse.« In einer Nachschrift berichtet der Beamte im höheren Dienst, dass ihm der Polizeikommissar mitgeteilt habe, dass »am 19. Mai zwischen Mittag und 14 Uhr eine Versammlung in einer Moschee mit etwa 15 Personen stattgefunden hat. Die Übeltäter haben auf den Koran geschworen, sich nicht zu denunzieren. [...] Scheich Amor, den der Zivilbeauftragte dem Generalresidenten aufgrund der treuen Haltung, die er während der Unruhen bewiesen habe, vorgestellt hat, wäre in dieser Angelegenheit bloßgestellt.«

Die französischen Behörden verdächtigen also die muslimischen Oberhäupter der Doppelzüngigkeit.[65] Der Beauftragte für öffentliche Sicherheit bestätigt, dass es sich nicht um spontane Unruhen handelt. »Am Abend des 19. Mai, genau um 20 Uhr 10, wurde das Viertel von Djara unvermittelt durch Schüsse in Aufruhr versetzt. Sie wurden vor der Synagoge abgegeben, wo das erste Opfer unter den Kugeln der Aufständischen fiel. Gleichzeitig breitete sich eine arabische Menge, die zwischen 200 und 300 Personen umfassen mochte, in den benachbarten Straßen aus und säte Tod und Schrecken. [...] Die ersten Schüsse krachten urplötzlich mitten auf der Straße vor der Synagoge, wo sich Gläubige zu einer Zeit befanden, zu der die Bauern von ihrer Feldarbeit zurückkehrten, was die Anwesenheit einer großen Zahl von mit Hippen Bewaffneten erklärt, ohne dass irgendein einzelner Streit oder Vorfall vorausgegangen wäre, an dem sich der Krawall hätte entzünden können. Diese erwiesene Tatsache erlaubt daher den sicheren Schluss – und die Erkundigungen, die im Anschluss gemacht wurden, sollten ihn bestätigen –, dass der Anschlag von langer Hand vorbereitet wurde. Die gewählte Stunde, die dem Einbruch der Nacht entsprach [...], das methodische Vorgehen der Mörder [...], die Plötzlichkeit des Einbruchs in die Wohnungen, alles deutet auf einen Plan hin, der im Voraus von Leuten entworfen wurde, die fest entschlossen waren, erbarmungslos vorzugehen.«

Die Polizeiberichte heben gleichfalls die Verbissenheit gegenüber den bereits toten Opfern hervor. Sie berichten auch, dass die Angst, die ansteckend war, die Juden von Gabès und der Umgebung nach Tunis fliehen ließ. Sie erwähnen auch die mögliche Beteiligung muslimischer Oberhäupter an diesen Gewalttaten. Mit

65 CADN, 1871/2 Mi. 335. Im Zusammenhang der letzten Jahre des französischen Algeriens sprach Pierre Nora vom »spontanen Antisemitismus der Araber« (François Dosse, *Pierre Nora. Homo historicus*, Paris: Perrin, 2011, S. 76).

Bezug auf vorausgegangene Vorfälle, die sich im Herbst 1940 in Siliana ereigneten, stellt ein Zivilkontrolleur am 16. Oktober 1940 gegenüber der Generalresidenz klar, dass »die Verurteilten im Allgemeinen Landarbeiter sind und es keine Standesperson unter ihnen gibt. Sie haben sich gewiss an den Vorfällen des 8. August beteiligt. [...] Die Standespersonen, die sich klugerweise von der Aktion ferngehalten haben, sind ebenso schuldig: Manche von ihnen sind Anführer, die aus persönlicher Rache gegen die örtliche Obrigkeit gehandelt haben, andere haben das Chaos durch ihre Untätigkeit gefördert. Leider war es nicht möglich, sie einzubeziehen.«[66]

Unter der deutschen Besatzung (November 1942 bis Mai 1943) werden jüdische Häuser in Tunesien von Muslimen geplündert. Jüdische Frauen werden von denselben vergewaltigt: »Im Allgemeinen wurden die Urheber dieser Gewalttaten von den Deutschen angestachelt«, schreibt Norman Stillman. »Doch die deutsche Führung griff ein, um diesen Vorfällen ein Ende zu setzen, weil sie ein noch größeres Chaos befürchtete. Die Plünderung jüdischer Häuser durch die Araber war stärker in dem Augenblick, als die Deutschen sich aus der Stadt zurückzogen.« Philip Jordan, britischer Kriegsberichterstatter, beschrieb die Ankunft der alliierten Truppen vor Ort: »Alle Juden der Stadt wurden von den Arabern ausgeplündert... Selbst Türen und Fenster wurden gestohlen.«[67]

66 CADN, Tunesien, 1871/2 Mi. 335.

67 Norman Stillman, *The Jews of Arab Lands. A History and Source Book*, Philadelphia: The Jewish Publication Society of America, 1979.

Kapitel 3

Eine Geschichte geknüpft aus Unterlassungen

Mit Ausnahme der tunesischen Neo-Destur-Partei haben die nationalistischen Bewegungen des Maghreb kaum versucht, die jüdische Minderheit in ihren Kampf für die Unabhängigkeit einzubeziehen, und zwar trotz der Tatsache, dass eine kleine Gruppe von Juden sich ihrem Kampf angeschlossen hatte. In den drei Ländern des Maghreb hat nämlich die Mehrheit der Juden die Aussicht auf die arabische Unabhängigkeit gefürchtet, da sie davon überzeugt waren, dass die arabischen Nationalisten, wenn sie einmal die Macht errungen hätten, sie erneut ausgrenzen würden. In Marokko hatte die französische Verwaltung schon früh die Doppelzüngigkeit der Istiqlal-Partei bemerkt. Das zeigt folgende Note, die vom regionalen Sicherheitsdienst Oujdas im Januar 1955 stammt. Die Istiqlal-Partei, steht dort zu lesen, sucht die Juden weniger aus Sorge um den nationalen Zusammenhalt zu schonen, sondern um die USA nicht zu verärgern. Der Makhzen ist nämlich davon überzeugt, dass »die Juden« die »wahren Herren« der amerikanischen Macht sind: »Es ist nicht zu leugnen, dass die Istiqlal-Partei seit den antisemitischen Pogromen des Juni 1948, in deren Folge sie sich lange Zeit einer gewissen jüdisch-amerikanischen Unterstützung beraubt sah, langsam dazu überging, die jüdische Frage neu zu betrachten und unter einem realistischeren Blickwinkel zu interpretieren. Daher wird von verschiedenen Seiten gesagt, dass die nationalistischen Anführer sich – übrigens nicht unbeschadet – bemühen würden, den immer latenten Antisemitismus ihrer Truppen zu bremsen, um jeglichen Ausbruch von Rassenhass zu vermeiden, der dazu geeignet wäre, eine neue Verhärtung der Haltung jüdischer Organisationen jenseits des Atlantiks im Hinblick auf die Sache Marokkos hervorzurufen. Es ist jedoch nicht ausgeschlossen, dass eine solche Tendenz parteiintern mit einer unerklärten gegensätzlichen Strömung koexistieren kann, die beabsichtigt, die marokkanischen Juden angesichts nationalistischer Umtriebe zur Passivität zu bewegen, indem sie Angst als Druckmittel einsetzt.«[68]

Diese Überlegungen erstrecken sich auf den größten Teil des maghrebinischen Nationalismus, mit Ausnahme der Bourguibisten-Bewegung in Tunesien, und mehr noch von Habib Bourguiba selbst, der (wie Messali Hadj in Algerien) frei von antisemitischen Vorurteilen war und der Frage der jüdischen Minderheit offener gegenüberstand als die anderen nationalistischen Führer in Nordafrika.

Mit Ausnahme von Ägypten gab es so gut wie keine Vertreibung von Juden aus der arabischen Welt.[69] Vielmehr handelte es sich um einen schleichenden Ausschluss, eine »Atmosphäre heimtückischer und manchmal auch offener Trennung«[70], auch seitens Tunesiens, das immerhin als »toleranter« galt, wie wir gesehen haben. Auch dort hat man die Juden dazu gedrängt, die Schlüsselstellungen zu verlassen, die sie innehatten. Nur diejenigen, die

68 CADN, 1870/2 Mi. 335.

69 Man erklärt das durch den Kontext der Zeit nach dem Zweiten Weltkrieg und der UNO, die 1945 nach der Niederlage der Achsenmächte gegründet wurde. Für die neuen Staaten stand es daher außer Frage, eine Vertreibungspolitik zu praktizieren, die an das Ende der 1930er Jahre und den Krieg erinnern konnte.

70 Albert Memmi, *Juifs et Arabes*, a.a.O., S. 54.

man nicht sofort ersetzen konnte, wurden in ihren Ämtern beibehalten. Die jüdischen Händler sahen, wie zusätzliche Hindernisse auf ihrem Weg auftauchten, eine Lizenz für Import und Export oder eine Bewilligung, auf die man lange warten musste... »Mit Bezug auf die Händler war es leicht«, bemerkte Albert Memmi, »es genügte, ihre Bewilligungen nicht zu erneuern, die Importlizenzen zu verweigern; gleichzeitig begünstigte man ihre muslimischen Konkurrenten. In der Verwaltung war es nicht schwieriger: Man stellte keine Juden ein; oder man brachte die früheren Angestellten in unüberwindliche Sprachschwierigkeiten, die man den Muslimen kaum auferlegte. Von Zeit zu Zeit schickte man einen Ingenieur, einen großen Angestellten anhand mysteriöser, kafkaesker Anklagen, die alle anderen mit Schrecken erfüllten, ins Gefängnis.«[71]

Zwar sichert die Verfassung von 1956 den Juden Bürgerrechte und eine freie Berufswahl zu. Dennoch müssen sie immer länger als die anderen auf die notwendigen Bewilligungen der Verwaltung[72] warten – und über das gewöhnliche Maß hinaus die Mittelsmänner bestechen. Selbst unter der Führung von Präsident Bourguiba wurden die Juden allmählich aus wichtigen Stellen verdrängt (außer im Wirtschaftsministerium, wo es kaum verfügbaren muslimischen Ersatz gab). Im Jahr 1960 stellen die Juden zwar noch 14 % der Bevölkerung von Tunis dar, aber der Stadtrat der Hauptstadt zählte nur noch zwei Juden auf sechzig Mitglieder (3 %).

Am 5. Juni 1967, am ersten Tag des israelisch-arabischen »Sechs-Tage-Kriegs«, war Tunis der Schauplatz gewalttätiger Tumulte.[73]

71 *L'Arche*, 1973, wiederabgedruckt in *Juifs et Arabes*, a.a.O., S. 54.

72 Siehe Georges Bensoussan, *Juifs en pays arabes*, a.a.O.

73 Andere Aufstände gegen die Juden, die noch schlimmer waren, haben an diesem Tag die arabische Welt mit Blut befleckt.

Zunächst wurden das amerikanische Informationszentrum und die britische Botschaft als Ziele ausgewählt. Dann kamen die jüdischen Läden und die große Synagoge an die Reihe. Stundenlang wurde Präsident Bourguiba in Unkenntnis der Ereignisse gelassen, die ihm erst am Abend des 5. Juni mitgeteilt wurden, wohingegen mehrere Minister seit dem Morgen auf dem Laufenden waren. Niemand wollte die Initiative ergreifen, um Ausschreitungen zu beenden, von denen man heute weiß, dass sie abgesprochen waren und sogar die Zustimmung einer Polizei erhielten, die bereit war, die Augen zu schließen.

Michel Foucault hatte damals eine Stelle an der Universität von Tunis. Als Zeuge dieser Ereignisse teilt er sie in einem Brief vom 7. Juni 1967 Georges Canguilhem mit: »Hier hat es letzten Montag einen Tag (einen halben Tag) Pogromatmosphäre gegeben. Es war sehr viel ernster, als *Le Monde* berichtet hat: an die fünfzig Brandstiftungen. 150 oder 200 Geschäfte – natürlich die armseligsten – geplündert, das unvergessliche Schauspiel der geschändeten Synagoge, auf die Straßen gezerrte, mit Füßen getretene und verbrannte Teppiche, herumrennende Leute, die sich in ein Gebäude flüchten, an das die Menge Feuer legen will. Und dann Stille, heruntergelassene Rollläden, niemand oder kaum jemand im ganzen Viertel, die Kinder, die mit beschädigtem Trödel spielen. Die Reaktion der Regierung war rasch, streng – allem Anschein nach auch aufrichtig. Das Ganze aber war offensichtlich organisiert. Jeder hat begriffen, dass ›das‹ seit Wochen, ja seit Monaten untergründig rumort hat, ohne Wissen der Regierung und gegen sie. Jedenfalls ist der Nationalismus + Rassismus insgesamt schrecklich. Und wenn man hinzunimmt, dass die Studenten dafür die Hand (und sogar noch etwas mehr) hergegeben haben aus ›Linksradikalismus‹, ist man zutiefst betrübt. Und man fragt sich, aufgrund welcher List (oder Dummheit) der

Geschichte der Marxismus für all das Anlass (und Vokabular) hat liefern können.«[74]

Einige Tage später werden der Innenminister und der Polizeichef entlassen. Achtzig Aufständische werden verhaftet und verurteilt, aber die Lage wird erst im August 1967 wieder stabil. Die Sorge der Juden verdoppelt sich, als sie erfahren, dass unter den Aufständischen vom Juni zahlreiche Algerier und Ägypter waren. Und dass in ihren Wohnungen Listen mit jüdischen Namen, gefolgt von deren Adressen, gefunden wurden. Trotz der Tatsache, dass Habib Bourguiba an der Staatsspitze wirklich versucht, seine jüdischen Landsleute zu beschützen, wird die Angst einen Großteil von ihnen zur Abreise drängen, aber in diesem Fall hauptsächlich nach Frankreich.[75]

Im Verein mit dem Islam wird der arabische Nationalismus die einheimischen Juden in *Staatenlose* verwandeln, und dann in *Flüchtlinge*, nachdem er sie in ihrem Geburtsland an den Rand gedrängt hat. Im Jahr 1927 versperrt das ägyptische Recht zahlreichen Juden von einem Tag auf den anderen den Zugang zu öffentlichen Ämtern. Die Maßnahmen der Arabisierung (obligatorischer Gebrauch der arabischen Sprache in der Verwaltung, aber auch bei jeglicher Handelstransaktion, Vertragsunterschrift, Mietvertrag etc.) werden brutal umgesetzt, um die Juden zur Abreise zu drängen. Ursprünglich waren sie dazu bestimmt, die Ausländer zum Fortgang zu bewegen. Aber die Juden sind keine Ausländer. Das lange währende theologische Verbot, das auf dem Arabischunterricht und auf dem Studium des Korans lastete, hat dazu beigetragen, Ausländer aus ihnen zu machen, indem es sie in eine Art von innerem Exil einsperrte. Nun bleibt aber das gesprochene Arabisch die *Mutter-*

74 Didier Eribon, *Michel Foucault*, Paris: Flammarion, »Champs«, 1989, S. 205; dt.: *Michel Foucault: eine Biographie*, übers. v. H.-H. Henschen, Frankfurt/M.: Suhrkamp, 1991, S. 274.

75 Es ist festzuhalten, dass der Staatsapparat, und insbesondere seine Polizei, durch den Antisemitismus vergiftet bleibt.

sprache dieser jüdischen Gemeinden. Und im Irak haben sich die jüdischen Schriftsteller trotz des Verbots seit 1920 an der Erneuerung der arabischen Literatur beteiligt.[76]

Der antijüdische Terror, der nach 1945 in Syrien wütet und die Mehrheit der 15 000 Juden des Landes zur Abreise drängt, ist aus jeglichem offiziellen Gedächtnis verschwunden. Zwischen 1943 und 1948 werden die Gesandten der Vorläuferorganisation des Mossad etwa 5 000 Personen dabei helfen, das Land zu verlassen, und bis zum Jahr 1950 werden noch einmal 5 630 Personen das Land verlassen. Diese Menge von Flüchtlingen wird von der Angst vor der Rückkehr der antijüdischen Unruhen vom Dezember 1947 umgetrieben. Der Angst vor Bombenanschlägen wie jenem, der 1948 die Schule der Alliance in Damaskus getroffen hat. Oder wie jenen, die während desselben Sommers 1948 Dutzende von Juden im selben Viertel getötet haben.

Die letzten syrischen Juden – einige Tausend waren nach dem Sechs-Tage-Krieg (1967) noch in ihrem Land anwesend – werden von der Regierung als Gefangene gehalten.[77] Mitte Juli 1967 werden die jüdischen Lehrkräfte (der jüdischen Schulen) durch muslimische Lehrer ersetzt. Zahlreiche Flüchtlinge aus Palästina, die sich in Syrien niedergelassen hatten, rufen dort täglich zum Angriff auf »die Juden«[78] auf.

76 Zu Beginn der 1920er Jahre lässt der irakische Jude Salman Shina (1899–1978) im Irak die Zeitschrift *Al Misbah* (Die Laterne) erscheinen. Im Jahr 1929 lässt einer der Mitarbeiter der Zeitschrift, ein anderer Jude aus Bagdad, Anwar Shaul (1904–1984), bis 1938 eine andere Wochenzeitung, *Al Hasid* (Der Erntemann), erscheinen. In Bagdad wurde *Al Hasid* in den 1930er Jahren als wichtigste literarische Zeitschrift betrachtet. Daneben gab es im Irak zahlreiche jüdische Journalisten (arabischer Sprache), Menshé Zarur (1900–1973), Salim al Bassun (1927–1990), und jüdische Dichter arabischer Sprache aus dem Irak, wie beispielsweise Mourad Mikhail (1906–1986) und Meir Basri (1911–2006). Diese Autoren und Titel sind heute in einer Art kultureller Säuberung der Vergangenheit aus den arabischen Berichten verschwunden.

77 Man muss bis 1992 und bis zur faktischen Allianz zwischen Damaskus und Washington anlässlich des ersten Golfkriegs (1991) warten, damit Syrien auf Drängen der Vereinigten Staaten seine letzten 2 600 Juden freilässt.

78 Die jüdische Gemeinschaft Syriens zählte 1945 mehr als 30 000 Mitglieder. 2012 waren noch 22 Personen übrig.

Der antijüdische Terror, der 1945 im Jemen grassiert, wird ebenso schnell wieder vergessen. Der Imam Jahia hat die Tore für die Emigration geschlossen. Und erst nach der Unterzeichnung der Waffenstillstandsverträge (Rhodos, 1949) zwischen Israel und vier arabischen kriegsführenden Parteien (Libanon, Syrien, Jordanien und Ägypten), gestattet die Regierung den Juden, den Jemen über Aden zu verlassen. Dabei wird ihr ganzer Besitz konfisziert.

Ebenfalls vergessen ist die ethnische Ausgrenzung, deren Opfer die Juden in Libyen waren, die nach dem großen Exodus von 1952 im Land geblieben waren. Die große Mehrheit der libyschen Juden war nämlich bei der Verkündung der Unabhängigkeit aus dem Land geflüchtet, um in großer Zahl den jungen Staat Israel zu erreichen. Die zurückgebliebene Minderheit, kaum 5000 (von 35000) Personen, wird schrittweise zur Abreise gedrängt, gesellschaftlich erstickt und einem Klima der Angst unterworfen. Im Dezember 1953 werden die Komitees der jüdischen Gemeinden aufgelöst und durch muslimische Vertreter ersetzt. In Tripolis wird die Schule der Alliance 1960 geschlossen. Ein Jahr später legt das Gesetz fest, dass alle Güter von Juden, die überführt wurden, »offizielle oder berufliche Beziehungen« mit Israel zu unterhalten (was häufig der Fall ist, da ja mehr als 80 % der libyschen Juden sich im jüdischen Staat niedergelassen haben), konfisziert werden sollen.[79] Auch die Unruhen in Tripolis vom Juni 1967 während des Sechs-Tage-Kriegs und in der Aufwallung des arabischen Nationalismus, der sich gegen den Staat Israel erhob, werden vergessen, während die nationalistische Presse *Mein Kampf* zitiert.[80] Die große Synagoge von Tripolis wird in Brand gesetzt, Hunderte von Büchern werden verbrannt. In verzweifelter Lage wenden sich die Oberhäupter der jüdischen Gemeinde an die

79 »Unter die Vormundschaft der Regierung gestellt«, wie das Gesetz es ausdrückt.

80 Siehe Renzo de Felice, *Jews in Arab Land. Libya, 1835-1970*, Austin: University of Texas Press, 1985 (italienische Erstauflage 1978).

muslimischen Religionsführer (insbesondere an die Muftis). Ihr Einspruch findet keine Antwort. Mehrere libysche Juden werden von Polizisten ermordet, die den Auftrag hatten, sie zu beschützen. Erst nach dem 20. Juni 1967 gibt die libysche Regierung im Bewusstsein der Verschlechterung ihres Bildes im Ausland ihr Einverständnis dafür, dass die Juden das Land verlassen können, indem sie 20 libysche Pfund und 20 Kilo Gepäck pro Person mitnehmen dürfen.

In den allermeisten Fällen hat der arabische Nationalismus die Juden aus ihrer ursprünglichen Welt ausgeschlossen und sie nahezu ihrer gesamten Güter beraubt. »Die Frage der Güter, die den Juden in der arabischen Welt und denen der Diaspora in Palästina gehören, stellt gewiss den gemeinsamen Nenner der beiden Phänomene dar«, bemerkt der amerikanische Historiker Michael Laskier. »Was die Juden der arabischen Länder betrifft, so muss man auch den Besitz in Rechnung stellen, der unmittelbar vor ihrer Abreise den Muslimen zu niedrigen Preisen überlassen wurde.«[81] All diese Ereignisse spielen sich vor dem Hintergrund eines Antisemitismus ab, der durch die arabische Niederlage von 1967 zwar noch schlimmer wurde, aber nicht seinen Ursprung darstellt. Im Jahr 1950 veröffentlicht Sayyid Qutb, Nachfolger von Hassan-el-Banna an der Spitze der Muslimbrüder, *Notre combat contre les Juifs* [Unser Kampf gegen die Juden].[82] Der heftige Antisemitismus, der sich darin entfaltet, stellt bis heute das Brevier des islamistischen Antisemitismus dar. »Hinter der Lehre des atheistischen Materialismus«, schreibt

81 Michael Laskier in: Abdelwahab Meddeb und Benjamin Stora (Hg.), *Histoire des relations entre juifs et musulmans des origines à nos jours*, a.a.O., S. 432.

82 Ronald L. Nettler, *Past Trials and Present Tribulations: A Muslim Fundamentalist's View of the Jews*, Oxford: Pergamon Press, 1986. Das Werk enthält die englische Übersetzung von *Notre combat contre les Juifs* [Unser Kampf gegen die Juden] (arabischer Originaltitel: *Ma'rakatuna Ma'a al-Yahud*): *Our Struggle with the Jews*, herausgegeben vom Vidal Sassoon International Center for the Study on Antisemitism (hebräische Universität Jerusalems). Im Jahr 1970 druckt die Regierung Saudi Arabiens dieses Buch erneut, fügt dieser Auflage aber eine große Zahl Anmerkungen hinzu, die sich auf *Die Protokolle der Weisen von Zion* stützen.

er, »steht ein Jude; hinter der Lehre der tierischen Sexualität steht ein Jude; hinter der Zerstörung der Familie und der heiligen Beziehungen in der Gesellschaft [...] steht ein Jude [...]. Sie befreien die sinnlichen Gelüste aus ihrer Zurückhaltung und zerstören so die moralische Grundlage, auf der der reine Glaube beruht, um ihn im Schlamm zu wälzen, den sie auf der Erde verbreiten.«[83]

Der Schluss lautet: »Der Kampf zwischen dem Islam und den Juden dauert also an und er dauert deshalb an, weil die Juden erst an dem Tag zufrieden sein werden, an dem sie die muslimische Religion zerstört haben. Und selbst nachdem der Islam über sie geherrscht hat, haben sie immer noch durch Verschwörungen und Verrat, die von ihren Agenten inszeniert wurden, gegen ihn gekämpft. Heute ist der Kampf noch radikaler, intensiver und unmissverständlicher geworden, seitdem die Juden, nachdem sie aus allen Winkeln der Erde gekommen waren, verkündet haben, dass sie den Staat Israel gründen werden. [...] Also haben die Juden wieder damit begonnen, Böses zu tun. Darum und bis in die Moderne hinein hat Gott seine Gläubigen geschickt, um sie zu bekämpfen. Danach hat Allah ihnen Hitler geschickt, um sie zu beherrschen. Aber die Juden sind noch einmal, nämlich heute, in der Form Israels zum Bösen zurückgekehrt, das den Arabern, den Eigentümern des Bodens, den Geschmack des Kummers und des Unglücks zu kosten gab.«[84]

83 Dieser Passage hat der saudische Herausgeber Folgendes hinzugefügt: »Es sind drei, der Reihe nach: Marx, Freud und Durkheim. Dem lässt sich hinzufügen, dass hinter der Literatur der Dekadenz und des Verfalls noch ein Jude stand: Jean-Paul Sartre!«, S. 83. Und weiter: »Die Juden haben die schlimmsten Arten von Ungehorsam gegenüber Gott begangen, indem sie sich auf die aggressivste Weise verhalten haben und die schwärzesten Sünden begingen. Überall, wo die Juden gelebt haben, begingen sie beispiellose Schandtaten«, S. 78. Im Jahr 2002 wird aus den *Protokollen der Weisen von Zion* (erstmals 1925 auf Arabisch veröffentlicht, gibt es heute Bernard Lewis zufolge neun verschiedene arabische Übersetzungen, *Sémites et antisémites*, Paris: Fayard, 1987, Pocket Agora, 1991, S. 270,) eine 41-teilige Fernsehserie, »Cavalier sans monture« [Ritter ohne Rüstung]. Sie wird an 17 Sendestationen in der arabisch-muslimischen Welt verkauft. Im Jahr 2003 wird eine andere Fernsehserie, die aus denselben *Protokollen* abgeleitet wurde, von Syrien und seiner schiitischen libanesischen Verbündeten, der Hisbollah, in 29 Teilen produziert.

84 Sayyid Qutb, *Notre combat contre les Juifs*, a.a.O., S. 85–87.

KAPITEL 4

Knechtschaft

In der traditionellen arabisch-muslimischen Welt, in der die Chroniken der Entführung jüdischer Frauen und Mädchen Legion waren, ist der Jude das »Wesen der Angst«[85], unfähig, die Ehre *seiner* Frauen zu schützen. Da es ihnen verboten war, Waffen zu tragen (einschließlich kalter Waffen), werden die Juden mit einem femininen Bild assoziiert.

Wenn die Frau hier als Besitzobjekt betrachtet wird, wie der syrische Dichter Adonis[86] versichert, so ist es eine Demütigung, seine

85 Siehe Said Ghallab, »Les Juifs vont en enfer«, a.a.O. »Der Jude ist zunächst ein Wesen der Angst, denn er hat Angst«, erklärt Eliezer Cherki. »Er hat jeden Tag Angst, denn er kann jeden Moment anhand verschiedener Vorwände willkürlich verhaftet, eingesperrt, geschlagen, tödlich verletzt, verstümmelt etc. werden, insbesondere auf die Anklage hin, den Kopf erhoben, einen Muslim unverschämt angesehen etc. zu haben, ganz zu schweigen von den schwereren Anklagen der Blasphemie gegenüber dem Propheten und seinen Gefährten unter Verletzung des Paktes der Dhimma, der allein ihm Leben und Schutz als Gegenleistung für seine Unterwerfung und Demütigung gewährt. Diese Demütigung ist sein Schicksal, denn Allah selbst hat sie verfügt (Koran, IX, 29). Da es sich um einen göttlichen Erlass handelt, agiert ein Muslim jedes Mal, wenn er die Hand gegen den Juden erhebt, aus Frömmigkeit, denn der Jude hat die schlechte Angewohnheit, seinen Status zu vergessen und sich dadurch gegen Gott zu erheben. Es ist folglich unbedingt notwendig, ihn immer daran zu erinnern, indem man ihn in einem ständigen Zustand der Angst hält, aber ohne ersichtlichen Grund: Man wirft Steine auf ihn [...], man erhebt die Hand, wenn er vorübergeht, man schaut ihn mit drohendem Blick an, etc. Diese Akte der Frömmigkeit sind übrigens eine Form der *imitatio Dei*, da ja Allah selbst gesagt hat, dass er ›in die Herzen der Ungläubigen Schrecken einjagen‹ wolle (Koran, VIII, 12)« (Gespräch mit dem Autor, 6. Mai 2016).

86 »Der Islam [...] islamisierte das Weibliche. Er verzerrte dessen Wesen, indem er es zu einem Eigentum oder zu einem Besitzobjekt erklärte. Die Frau gehört sich nicht mehr selbst. Sie wurde zum Objekt des Mannes. [...] Der Islam hat die Frau als solche getötet. Es gibt keine Frau

Gattin *entschleiert* und den Blicken anderer ausgesetzt zu lassen. Deshalb sind die Archive voller Fälle, in denen dieser oder jener örtliche Caid den jüdischen Frauen verbietet, sich zu verschleiern.[87] Denn dann ist es weniger die jüdische Frau, die der Herr zu demütigen sucht, sondern ihr Gatte, indem seine Ohnmacht und »Niederträchtigkeit« öffentlich gemacht werden. Anhand einer feinsinnigen Sprachstudie analysiert der marokkanische Soziologe Mohammed Ennaji[88] die Knechtschaft der Frau in der traditionellen arabisch-muslimischen Gesellschaft: »Wie in der Knechtschaftsbeziehung im Allgemeinen wird die Frau auch hier erdrückt und zeigt keinerlei Widerstand. Sie gehört ganz dem Herrn nach dem Vorbild der Diener des Fürsten, die nur ihm gehören.« Für eine Reihe von Exegeten ist dieser Knechtungswille das erste Erbe der Sklaverei. »Man muss ihn erniedrigen und entwürdigen«, schreibt Ennaji über den Unterworfenen, wer immer es auch sein mag.[89] Angefangen bei den Frauen und weiter mit den Juden. Deshalb geht die Herrschaft über die Frau und über den Juden im arabischen Islam Hand in Hand wie zwei unzertrennliche Unterdrückungen. »Als ob die Entschleierung und die Selbstbestimmung der Frau die höchste Bedrohung für den Mann wären«, schreibt die französisch-marokkanische Psychoanalytikerin Houria Abdelouahed. »Eine Kastrationsbedrohung.«[90]

Menschen zu regieren bedeutet hier in erster Linie, sie zu unterwerfen, und zwar absolut. Im Ausgang von dem arabischen Wort

mehr, nur noch ein Geschlechtsorgan oder ein Gespenst, das ›die Frau‹ heißt«, Adonis, *Violence et Islam. Entretiens avec Houria Abdelouahed*, Paris: Seuil, 2015, S. 82 und 88; dt.: *Gewalt und Islam*, übers. v. Chr. und N. Belakhdar, Bremen: Sujet Verlag, 2016, S. 104 und 107.

87 Das berichtet zum Beispiel der Sondergesandte der Alliance Israélite Universelle in Marrakesch 1876, Joseph Halévy. Siehe Georges Bensoussan, *Juifs en pays arabes*, a.a.O., S. 188.

88 Siehe Mohammed Ennaji, *Le Sujet et le Mamelouk. Esclavage, pouvoir et religion dans le monde arabe*, Paris: Mille et une nuits, 2007.

89 Siehe Georges Bensoussan, *Juifs en pays arabes*, a.a.O., S. 409.

90 Adonis, *Violence et Islam*, a.a.O., S. 99; dt.: a.a.O., S. 125.

abd (»Sklave«) untersucht Ennaji die psychische Grundlage der Macht in Gesellschaften, in denen die Autorität immer das Gegenstück zur Knechtschaft zu sein scheint. Im primären Sinne bedeutet *abd* einen Sklaven. Aber, so Mohammed Ennaji, das Wort »bedeutet auch erdrücken, platt machen, jegliche Reibung unterdrücken«. Der Mensch ist geboren, um Gott zu dienen, die Sklaverei bestraft ihn dafür, diese Regel verletzt zu haben. Und wenn der Dhimmi auch juristisch ein freier Mensch ist, so ist er doch ein *vermindertes* Wesen. Sich auf das Wörterbuch stützend, sieht Ennaji den Islam weniger als egalitäre Religion, wie man häufig liest, sondern vielmehr als eine Seinsweise, die durch ständige Unterwerfung gekennzeichnet ist. Der Diskurs über die Befreiung und die Gleichheit der Gläubigen sei ihm zufolge nichts als reine Mythologie. Indem er das psychische Gerüst dieser Welt anhand ihres politischen Vokabulars freilegt, hebt Ennaji die lange Spur hervor, die die Sklaverei auf jeder Autoritätsbeziehung hinterlassen hat. Deshalb befindet sich ihm zufolge die Knechtschaft im Zentrum der meisten Ausdrucksmodi der Macht, angefangen beim Gläubigen, der vor Gott betet, bis zu den hierarchischen Beziehungen des Alltagslebens.

Die Allgegenwart der Furcht beherrscht die Geschichte aller jüdischen Gemeinden auf arabischem Boden. Man liest sie in den Archiven, die von den konsularischen Vertretungen hinterlassen wurden, in den Erzählungen von Reisenden, in den Berichten von Militärangehörigen und Ärzten, in den Zeugenberichten, die vom Personal der Schulen – aller Schulen, *der jüdischen und der nichtjüdischen*[91] – hinterlassen wurden. Diese Herrschaft kommt noch brutaler in den unteren Schichten zum Ausdruck, so sehr muss der Unterdrückte die Grenze zu dem markieren, der noch unterdrück-

91 Diese Wirklichkeit, die den arabischen Intellektuellen bekannt ist, bleibt für die Ohren einer gewissen Zahl von Abendländern, die noch von einer kolonialen Sicht der arabischen Welt beherrscht werden, unhörbar. Sie haben Schwierigkeiten damit, in dieser psychischen Ökonomie die Bedeutung der Unterdrückung der Frau und des Juden zu erkennen.

ter als er selbst ist. Aus diesem Grund wird die Emanzipation des Juden und der Frau in den untersten und archaischsten Schichten der arabischen Welt als kränkend erlebt. Wohingegen in den gebildeteren Schichten, wo die Frau weniger unterjocht ist, der Antijudaismus auch häufig weniger stark ausgeprägt ist.[92]

Wie hat die arabische Politik der 1930er Jahre den »Juden des Orients« betrachtet? In einem Faltblatt, das 1939 in Beirut gedruckt wurde[93], hat das oberste arabische Komitee von Jerusalem »die jüdische Gefahr« angeprangert, indem es sich auf den Palästinakonflikt bezog: »Vor der Einwanderung haben die arabischen Länder einen friedlichen, in sein Schicksal ergebenen, glücklichen Typ von orientalischem Juden gekannt, der dankbar dafür war, vor Verfolgungen sicher zu sein. Ganz anders ist das Exemplar, das Palästina jetzt im einwandernden und kolonisierenden Juden erkennt. Voller Arroganz und Dünkel geriert er sich als ausschließlicher Herr des Landes und ist als Eroberer bereit, sich für das Leid, das er seine ganze Geschichte hindurch ertrug, an seinem Nachbarn zu rächen.«

Was ist ein »glücklicher und in sein Schicksal ergebener« Jude? Es ist jener, der »an seinem Platz zu bleiben« weiß, nach dem Vorbild der *bescheidenen Leute*, die »aus Instinkt« ihre Hoffnungen an die Sicht anpassen, die sie von sich selbst haben. Wie die Frau muss der Jude leise sprechen und *die Augen niederschlagen*, dieser Ausdruck, der für sich allein schon aus einer Identität (der Gattung, der Ethnie oder der Kultur) das Schicksal eines Erniedrigten macht. Der »glückliche und in sein Schicksal ergebene« Jude ist jener Unterdrückte, der »seine Stellung zu halten« weiß, indem er der vertraute Unterworfene von eh und je bleibt. Es ist dieser Jude, den

92 Aus diesem Grund hat auch die jüdische Bourgeoisie, die so selten das Milieu des einfachen Volkes besucht hat, und zwar weder das arabische noch das jüdische (mit Ausnahme der Hausangestellten), eine rosige Sicht dieser Vergangenheit aufrecht erhalten.

93 CADN, Libanon, Akte 18, Zionismus (1936-1955).

der Zionismus aufrüttelt, wenn er ihm ins Ohr flüstert, dass die Welt *nicht selbstverständlich ist.*

Aber eine Wahrheit ist erst dann »erwiesen«, wenn sie vernehmbar ist.[94] Es ist schwer, das zu denken, was nicht sein sollte, und man weiß wirklich nur das, was man sich vorstellen kann.[95] Die Diskrepanz zwischen dem, was wir hervorzubringen vermögen, und dem, was wir uns vorstellen können, ist beträchtlich. »Die Welt, in der man denkt, ist nicht die, in der man lebt«, bemerkte Bachelard[96], und diese Feststellung dämpft den Anspruch der Eliten auf eine höhere Hellsichtigkeit in dem Sinne, dass sie von denselben kognitiven Einschränkungen aus denken, denen jedermann unterliegt. Sie sind nicht stärker auf der Höhe der Zeit ihrer Erlebnisse.[97]

Es fehlt uns an Werkzeugen, um das Neue zu denken, und zwar umso mehr, als unsere erste Sorge oft weniger darin besteht zu verstehen, als darin, nicht von unseren Zeitgenossen abzuweichen. Daher ist es schwer, nicht nur gegen sich selbst zu denken, sondern neben den anderen und gegen die eigene Zeit. »Es gibt sozusagen Epidemien des Geistes, die wie eine Art Ansteckung von den Menschen allmählich Besitz ergreifen«, bemerkte Rousseau in einem seiner letzten Texte; »weil der menschliche Geist, der von Natur aus

94 Im Jahr 1970 veranstalteten René Rémond und die Fondation nationale des Sciences politiques [staatliche Stiftung für Politikwissenschaften] ein Symposium über die Vichy-Regierung. Die Verfolgung der Juden kam darin nicht vor. Die französische Universität wollte weder noch konnte sie diese Geschichte hören. Es ist festzuhalten, dass heutzutage jedes Symposium über die Vichy-Regierung ihr einen wichtigen, wenn nicht gar den zentralen Platz einräumt.

95 In seinen *Lebenserinnerungen* spricht Raymond Aron, der sich in den ersten Stunden des freien Frankreichs in London aufhält, mit folgenden Worten von den Gaskammern: »Die Gaskammern, die industrielle Ermordung von Menschen, nein, ich gebe zu, ich hatte keine Vorstellung davon, und weil ich sie mir nicht vorstellen konnte, habe ich nichts von ihnen gewusst.«

96 Zitiert von Paul Veyne, *Foucault. Sa pensée, sa personne*, Paris: Albin Michel, 2008, S. 167; dt.: *Foucault: der Philosoph als Samurai*, übers. v. U. Blank-Sangmeister, Stuttgart: Reclam, 2009, S. 138.

97 Im April 1914 sagte ein Leitartikel der Londoner *Times* die absolute Unmöglichkeit eines europäischen Krieges voraus, zitiert von Enzo Traverso, *À feu et à sang*, Paris: Stock, 2007, S. 52; dt.: *Im Bann der Gewalt*, übers. v. M. Mayer, München: Siedler, 2008, S. 47.

träge ist, sich gerne die Mühe erspart, indem er so wie die anderen denkt...«[98]

Die Juden des Orients sind zum Teil auch selbst für die Schwierigkeiten verantwortlich, auf die das Schreiben ihrer Geschichte stößt. Wenn »unsere Geschichte [auch] nicht unser Gesetz ist«, wie der Verfassungsgeber Rabaut Saint-Étienne (1791) in dieser großartigen Formulierung behauptete, lastet doch unsere Geschichte mit ihrem ganzen Gewicht auf unserem Bewusstsein wie auch auf dem aller Protagonisten eines Ereignisses. »Der eigentlich gesellschaftliche Sinn ihres Kampfes entgeht ihnen«, bemerkte Marcel Gauchet über sie, »er existiert unabhängig von ihnen, auch wenn er, streng genommen, keine andere Wirklichkeit besitzt als die durch ihr Handeln vollzogene. [...] Der Konflikt gewährleistet eine widergespiegelte Funktion, die das Bewusstsein der Handelnden ausschließt.«[99] Die Selbstzensur erklärt in erster Linie, dass eine Vielzahl von Fragen nicht gestellt werden, Fragen, die »sich nicht stellen«, so sehr scheinen sie das zu erschüttern, was die Gesellschaft ausmacht. Als Mechanismus zum Schutz der Gruppe macht die Selbstzensur uns blind für die Gewalt, die uns erdrückt, und in dieser Hinsicht ist der Unterdrückte häufig der erste, der die Unterdrückung leugnet, deren Objekt er ist. Seine Furcht kommt bis in seine Körperhaltung hinein zum Ausdruck, runder Rücken, eingezogene Schultern, und für den Juden, der von der arabischen Welt karikiert wird, muss man noch erhobene Unterarme zum Schutz des Gesichts hinzufügen.

Es geschah häufig – und geschieht immer noch –, dass die Juden, die im Maghreb geboren wurden, sich selbst daran beteiligen, den Anteil von Gewalt an dieser Vergangenheit zu leugnen. Unter den Faktoren, die diese mythenhaften Erzählungen begünstigt haben

98 Jean-Jacques Rousseau, *Rousseau juge de Jean-Jaques*, 2. Dialog, Paris: Garrier-Flammarion, 1999, S. 303.

99 Marcel Gauchet, *Le Désenchantement du monde. Une histoire politique de la religion*, Paris: Gallimard, 1985.

sollen, macht Albert Memmi, ein tunesischer Jude, »unsere Komplizenschaft als Juden der arabischen Länder verantwortlich, unsere mehr oder weniger unbewusste Gefallsucht der Entwurzelten, die dazu neigen, die Vergangenheit zu verschönern, eine Gefallsucht, die in ihrem Betrauern der orientalischen Heimat die Erinnerung an die Verfolgungen bagatellisiert oder völlig auslöscht. In unseren Erinnerungen, unserer Phantasie war es ein völlig wunderbares Leben, wohingegen unsere eigenen Tagebücher der damaligen Zeit das Gegenteil bezeugen.«[100] Für die anderen Juden des Maghreb gilt dasselbe. Jeannine Verdès-Leroux nennt an dieser Stelle die Juden Algeriens: »Viele Franzosen jüdischer Abstammung behaupten, dass die FLN wollte, dass die Juden bleiben. Gleichwohl, aber sehr selten, wird die Ermordung von Raymond Leyris durch die FLN erwähnt: Der jüdischen Gemeinschaft wurde der Befehl erteilt, Constantine zu verlassen, ohne dass jemand zurückbleiben sollte.« »Das Signal wurde gehört«, bemerkte Raphaël Draï (constantinischer Jude) in seinem *Lettre au président Bouteflika* [Brief an Präsident Bouteflika].[101]

»Kein einziger Gesprächspartner«, führt Verdès-Leroux weiter aus, »hat die zahlreichen Angriffe der FLN auf jüdische Orte erwähnt oder gestreift, zum Beispiel ›die Plünderung der großen Synagoge von Algier‹[102]: Sie wurde vollständig geplündert, das Mobiliar zerschlagen, alle großen Gesetzesrollen entweiht, die Gitter herausgerissen, die Aufschrift ›Tod den Juden‹ auf die Wände gemalt. Dieses Schweigen mag die Weigerung bedeuten, das Gespräch zu sehr auf die Tatsache des Judeseins zu konzentrieren, oder sie kann auch die Leugnung traumatisierender Wirklichkeiten sein. […] Das Vergessen, die Umschreibung sind allgemeine Einstellungen, das

100 Albert Memmi, *Juifs et Arabes*, a.a.O., S. 57.

101 Raphaël Draï, *Lettre au président Bouteflika*, Paris: Michalon, 2000, S. 22.

102 *L'information juive*, Dezember 1960, Nr. 125.

Leben ist nicht dasselbe wie die Geschichte. Die jüdische Gemeinschaft hat es vielleicht nötiger als andere Gemeinschaften, ihre Vergangenheit abzuändern.«[103]

Der Unterdrückte ist nur allzu bereit, die Gewalt zu leugnen, die man gegenüber den Seinen ausübt, er selbst gebraucht geistige Schemata, die ihn einschließen, und er neigt auch manchmal dazu, die Vergangenheit zu beschönigen, selbst wenn ein Teil seines Gedächtnisses sich gleichzeitig an das Klima der Unterdrückung erinnert, in dem er lebte. Und wenn er sich auch gegen die Unterdrückung wehrt, von der man ihm berichtet, tut er es doch so, dass er seinen Status als Erniedrigter rechtfertigt[104], so sehr wird eines Tages jede Unterdrückung *verinnerlicht*. Wie andere Unterdrückte schreiben die Juden der arabischen Welt sogar das ihrer eigenen Verantwortung zu, was aus ihnen beherrschte Untertanen gemacht hat. Sie verinnerlichen abwertende oder erniedrigende Schemata, die man ihnen seit langem zugeschrieben hat. Und in der arabisch-muslimischen Welt gilt das, was für die Unterdrückung des Juden gilt, auch für die Unterdrückung der Frau.[105]

Da er häufig unter Kolonialherrschaft steht, hat der unterdrückte Araber seinen Groll gegenüber dem langsamen Verfall seiner traditionellen Welt zum Ausdruck gebracht. Vor allem, wenn diese Spaltung ihre Entsprechung in der Befreiung seines jüdischen Landsmanns findet; dann konzentrieren sich der Zorn und die Furcht vor einer beängstigenden Moderne auf die Figur »des Juden«. Das wird von dem Werk eines der größten Inspiratoren des arabischen Nationalismus des 20. Jahrhunderts bezeugt, von dem Algerier Malek

103 Jeannine Verdès-Leroux, *Les Français d'Algérie de 1830 à aujourd'hui. Une page d'histoire déchirée*, Paris: Fayard, 2001, S. 219.

104 Um von sich und den Seinen zu sprechen, erwähnt er häufig die »Volkskultur« und erkennt zugleich an, dass es auch eine »rechtmäßige Kultur« gibt, von der er ausgeschlossen ist.

105 Der Ausdruck »*Ihoudi Hashak*«, den man als Entschuldigungsformel vom Typ »mit Verlaub« übersetzen kann, betrifft nicht nur die Juden allein, weil man ihn auch für Frauen verwendet.

Bennabi (1905–1973). Während des Zweiten Weltkriegs hatte sich Bennabi als freiwillige Arbeitskraft in Deutschland verpflichtet, wo er sein erstes Werk, *Le Phénomène coranique* [Das Phänomen des Korans] (Algier, 1946), verfasst. Als Aktivist der FLN seit 1956[106] erlebt Bennabi, wie seine Funktionen eines Regierungsideologen 1965 von Boumédiènne bestätigt werden. Er leitet insbesondere Seminare zur Einführung in das Denken des Islams.

In seinen Augen verkörpert »der Jude« ebenso wie die Emanzipation der Frauen eine zerstörerische Moderne: »Die Juden von Tébessa«, schreibt er mit Bezug auf seine Geburtsstadt in den 1920er Jahren, »stellten ihren Erfolg zur Schau. Die Citroën-Vertretung, die großen Firmen für den Getreide- und Wollexport und Banken waren gegenwärtig in ihren Händen. Die großen Cafés der Stadt, die bislang von Franzosen geführt wurden, gelangten unter ihre Kontrolle. Ihr Erfolg ließ das Ansehen von Cambon erblassen – der in den Augen der Muslime der französische Krösus von Tébessa war. Er regte mich zu Träumereien an und stellte meinem Geist seit dieser Zeit das erste Problem der Weltpolitik. Schon brachte ich diesen Eindruck meinen Freunden gegenüber zum Ausdruck, indem ich ihnen sagte: Dies ist das Jahrhundert der Frau, des Juden und des Dollars. Vielleicht war es damals noch bloß ein Eindruck. Aber ich weiß nun, dass er einen wesentlichen Bestandteil in der späteren Ausrichtung meines Geistes ausmachte, der vielleicht auf unbestimmte Weise in all diesen Phänomenen ein Problem der Kultur erfasste. Ich weiß jetzt, dass die Frau, der Jude und der Dollar in der Tat die Trilogie des 20. Jahrhunderts darstellten. Aber zu jener Zeit

106 Nachdem er sich 1956 an der Seite der ALN (der nationalen Befreiungsarmee) engagiert hat (nach dem Vorbild des Verbands der Ulamas von Ben Badis, der sich gegenüber der algerischen nationalistischen Bewegung in ihren Anfängen misstrauisch gezeigt hat), veröffentlicht Malek Bennabi 1957 *SOS Algérie*. Von 1957 bis 1962 ist er Flüchtling in Kairo und leitet dort ein Seminar, das sich an muslimische Studenten richtet. Bei seiner Rückkehr in das unabhängige Algerien überträgt ihm Ahmed Ben Bella die Aufgabe, ein Kulturzentrum zu gründen, das dazu bestimmt ist, die Führungskader der neuen Nation ideologisch zu schulen.

in Tébessa plagte das Problem meinen Geist nicht im Ausgang von einer Weltlage, sondern aufgrund einer ganz bestimmten persönlichen Situation: Ich arbeitete nicht, unter dem Vorwand, dass ich noch jung war, die Juden von Tébessa hatten alle florierende Geschäfte, sogar Leute, die jünger waren als ich.«[107] In der arabischen Welt ist Bennabi einer von jenen, die die am deutlichsten artikulierte Ablehnung der Juden, des Westens und einer bestimmten Moderne vertreten (so spricht er von einer »Judaisierung des Westens«). Sein Antisemitismus ist auf die traditionelle Ablehnung des Juden in der Welt des Maghreb aufgepfropft.[108]

Auf der anderen Seite zeigte Albert Memmi seit den 1950er Jahren, was den gemeinsamen Faden in der Entfremdung des Kolonisierten, des Juden, der Frau und des Dienstboten ausmachte. Wie hätten die Juden der arabischen Welt, die so lange unterdrückt wurden, eine Geschichte schreiben können, deren Mechanismen der Unterdrückung für sie undurchsichtig blieben? »Man verliert sogar

107 Malek Bennabi, *Mémoires d'un témoin du siècle* (Erstauflage 1965), Algier: Éditions ANEP, 2006, S. 136.

108 »Ich sah in der Geschichte Israels ein sonderbares Phänomen: Zur Stunde der Diaspora, dem zweiten Exodus der Juden aus Palästina, richteten sie sich nach Europa, das noch barbarisch und ohne Handel war, anstatt nach Asien, das zivilisiert war und Handel trieb. Kein Historiker hatte diese Frage gestellt. Sie schien mir von blendender Offensichtlichkeit zu sein. Die Antwort drängte sich meinem Bewusstsein auf: Die Juden fühlten instinktiv, dass ihr Reich in Europa war, d. h. einzig in den Ländern, wo sie nach Belieben die Ideen und Menschen dirigieren konnten. Der Biss des jüdischen Geistes in die christliche Seele schien mir ganz offen im Ruf von Jacques Maritain zum Ausdruck zu kommen, diesem katholischen Denker, der gerade in jenen Tagen einem jungen Christen antwortete, der vom Antisemitismus betroffen war: ›Ich verbringe die Hälfte meines Lebens zu den Füßen eines Juden mit durchbohrtem Herzen!‹, sagte er über Jesus. Alle diese Teile ordneten sich in meinem Geist wie die Teile einer Lehre an, die im Juden den verborgenen Betreiber der Kreuzzüge, und später der Kolonialisierung sah und in der Zwischenzeit den der Inquisition, die sich nicht allein aufgrund Ignatius' von Loyola verstehen lässt, jedenfalls nicht mehr, als sich der erste Kreuzzug allein aufgrund jenes barbarischen Ignoranten verstehen lässt, der Peter der Einsiedler war. Und allmählich sah ich, wie mein Denken in den Bereich des Okkulten eindrang, in dem ich nur einen einzigen Akteur sah, den Juden, während der Christ mir nur das mehr oder weniger bewusste Instrument zu sein schien: der Mann mit dem Aktenkoffer, der jeden Morgen in sein Büro geht, und der Mann mit dem Brotbeutel, der in seine Fabrik geht, um in dieser Welt die Absichten Israels zu erfüllen«, Malek Bennabi, zitiert in Noureddine Boukrouh, *L'Islam sans l'islamisme. Vie et pensée de Malek Bennabi*, Algier: Éditions Samar, 2006, S. 77.

das Bewusstsein dieser Lage, man erleidet sie, das ist alles. Das Erwachen des Denkens ist schmerzhaft«, bemerkte Simone Weil über die Lage der Arbeiterschaft.[109]

Warum haben die Juden der arabischen Welt die Ankunft des europäischen Kolonialherren so mehrheitlich begrüßt? Wenn man sich über diese Tatsache erstaunt gibt, dann verzichtet man auf die Bemühung, sie zu verstehen, ja man übernimmt den Standpunkt dessen, der sich »verraten« fühlt, für sich selbst. Wenn man schreibt, dass »die Vorfälle von Tunis in den Augen der Tunesier das neue Bild bestätigen, das sie von ›ihren‹ Juden zu gewinnen beginnen: das einer Minderheit, die zu einem mächtigen und sehr rührigen Ganzen gehört, zum Weltjudentum, dessen große Zentren sich in Europa befinden und das seinen gewaltigen Einfluss auf die europäischen Regierungen ausübt, um auf die geringste Klage der muslimischen Juden hin zu intervenieren«[110], dann macht man sich die Sicht des Herren zu eigen, der durch die Revolte seines Untergebenen aus der Fassung gebracht wird. Warum haben sich die Juden mit dem Versuch nach Europa gewandt, einen europäischen Pass zu erhalten? Vor welcher Unterdrückung flohen sie, um sich darüber hinaus einem alten Kontinent zuzuwenden, der doch immer noch massiv antisemitisch war?[111]

Nun ist die Geschichte der Juden in der arabischen Welt selbst aber lange mit Beschlag belegt gewesen. Sie wurde meistens von den Juden des Hofes geschrieben, und deshalb hat sie sich erst vor kur-

109 Simone Weil, *La Condition ouvrière (Journal d'usine, 1934-35)*, Paris: Gallimard, 1951, S. 52.; dt.: *Fabriktagebuch*, übers. v. H. Abosch, Frankfurt/M.: Suhrkamp, 1978, S. 61f. Über das Gefühl der Befreiung schrieb Simone Weil im Juni 1936 in einer Ausgabe von *La Révolution prolétarienne* auch: »Nachdem man sich monate- und jahrelang immer gebeugt, alles ertragen, alles ruhig hingenommen hat, geht es darum, es schließlich doch zu wagen, aufzustehen. Aufrecht zu sein. Seinerseits das Wort zu ergreifen. Sich für ein paar Tage als Mensch zu fühlen«, *Œuvres*, Paris: Gallimard, 1999, S. 166.

110 Wie in dem Kollektivband von Abdelwahab Meddeb und Benjamin Stora (Hg.) zu lesen ist, *Histoire des relations entre juifs et musulmans des origines à nos jours*, a.a.O., S. 299.

111 Ebd., S. 304.

zem von der einstigen friedfertigen Sicht emanzipiert. Lange Zeit gaben »offizielle« Verlautbarungen eine Bestandsaufnahme einer heiteren Welt. Es war »die Welt, die wir verloren hatten«, eine historische Sichtweise, die an einen tröstlichen Gedanken gekoppelt war, so sehr schmerzt es, das Leben der Unterdrückung offenzulegen. Im Jahr 1859 notierte ein französischer Beamte im höheren Dienst, der in Algerien in Stellung war: »Es liegt auf der Hand, dass die Erklärung, die Israeliten seien massenweise französisch, alle Schwierigkeiten beheben und von ihnen wie eine Wohltat aufgenommen werden würde.«[112] Der Empfang, den die Juden der arabischen Welt dem europäischen Kolonialherrn meistens boten, stellt weniger sie selbst in Frage als vielmehr die Welt ihrer Herkunft.

Im französischen kolonialen Maghreb nimmt Paris rasch die Gewohnheit an, die Juden zu opfern, um den zivilen Frieden zu garantieren. Am 11. Oktober 1939 riet das Generalkonsulat Frankreichs in Jerusalem davon ab, in Marokko eine »jüdische Legion« gegen Deutschland zu organisieren: »Eine solche Initiative«, erklärte man dort, »liefe Gefahr, dem Antisemitismus eine wiederauflebende Gunst zu gewähren. Deutschland hätte leichtes Spiel zu unterstellen, dass Frankreich und England den Juden gehorchen. Der Islam, dessen Unterstützung für uns unverzichtbar ist, würde uns nicht verzeihen, seine Sache den Interessen derjenigen zu opfern, die er

112 Ebd., S. 288. In dieser Hinsicht ist es heute üblich zu behaupten, dass der Crémieux-Erlass (Oktober 1870), der aus den Juden Algeriens französische Staatsbürger machte, sie von ihren muslimischen Nachbarn entfernte. Man vergisst dabei, dass ohne den Crémieux-Erlass das Schicksal der Juden in der arabischen Welt überall dieselbe Schlussfolgerung hatte: die Abreise. Man vergisst dabei auch das, woran Jeannine Verdès-Leroux erinnert (*Les Français d'Algérie de 1830 à aujourd'hui*, a.a.O.), nämlich dass es nie einen »Bund« zwischen diesen Bevölkerungsgruppen gab: »Diese Maßnahme, die der Erwartung der Juden Frankreichs und Algeriens entsprach, ist mitnichten ein ›Manöver‹ des Kolonialismus zur ›Spaltung‹ der Einheimischen, wie manche behauptet haben. Die Juden Algeriens, die das gefordert haben, was sie als ›Würde‹, Franzosen zu sein, bezeichnen, hatten nicht die Absicht, sich von den Arabern zu ›trennen‹: Sie waren nie mit ihnen vereint. Einer meiner Gesprächspartner (geboren vor 1910), der der Unabhängigkeit positiv gegenüber stand, hat wiederholt betont, dass es aufgrund der ›Kraft der Religion‹ nie ›ein Gefühl der Einigkeit mit den Arabern‹ gegeben hat« (ebd., S. 214).

für seine erbittertsten Widersacher hält. Aus diesen Gründen akzeptiert unser Verbündeter [d.h. hier das Vereinigte Königreich] die Zusammenarbeit mit den Israeliten nur auf individueller Basis und ohne Bedingungen.«[113]

Im Oktober 1940, nachdem sich die antijüdischen Vorfälle in Siliana, Tunesien, ereignet hatten, die wir weiter oben erwähnten, rühmte der Zivilkontrolleur der Region Moktar die Nachsichtigkeit des Gerichts, ja sogar die Begnadigung von aufständischen Landarbeitern. Es ging darum, »die einheimische Bevölkerung [nicht] gegen die französischen Behörden aufzuwiegeln«[114], erklärte er. Im kolonialen Zusammenhang war diese Einstellung eine Konstante. Die französischen Behörden haben manchmal vorgegeben, die antijüdischen Verfolgungen nicht zu sehen, um eine Auseinandersetzung mit der arabischen Mehrheit zu vermeiden[115], wie man in Gabès (Tunesien, Mai 1941) gesehen hat, wo die Kolonialbehörden dem Gericht, das mit der Urteilsfindung beauftragt ist, »zur Vorsicht raten«. In Marokko plädieren die französischen Behörden nach den Pogromen von Oujda und Jérada (Juni 1948) ebenfalls noch einmal für Nachsicht, um jegliches Ausufern von Gewalt seitens der Araber zu vermeiden. Das geben sie jedenfalls zu verstehen.

113 CADN, Protektorat Marokkos, diplomatische Abteilung, Artikel 670, Akte 1.

114 CADN, classement Bernard, Aktenzeichen 1871/2 Mi. 335.

115 Es ist festzuhalten, dass es sich dabei auch um eine westliche Konstante außerhalb des kolonialen Zusammenhangs handelt. Eine Haltung, die die jüdischen Journalisten einnahmen, deren Wunsch nach Integration die Form dieser erwarteten Pose annimmt: die Distanz zu den eigenen Verwandten. Am 9. November 1940 versichert William Zukerman, europäischer Korrespondent des New Yorker *Jewish Morning Chronicle*, dass das Leiden der Juden nicht größer ist als das, das von anderen Bevölkerungsteilen ertragen wird. Nach dem Fall Frankreichs im Juni 1940 hatte er eine Abnahme des nazistischen Antisemitismus vorhergesagt, der »sein Ziel erreicht hatte«: »Es gibt nur noch ganz wenige Leute, die an diesen offensichtlichen Bluff glauben«, fügte er hinzu (Saul Friedman, *No Haven for the Oppressed. United States Policy toward Jews and Refugees, 1938-1945*, Detroit: Wayne University Press, 1973, S. 109).

Zweiter Teil

»Es ist unmöglich, das uns Übertreffende nicht zu verabscheuen«

»Es ist unmöglich, das uns Übertreffende nicht zu verabscheuen«

Warum hat sich die arabische Welt in kaum einer Generation (1945–1970) ihrer Juden entledigt? Und zwar fast ohne ausgeprägte Vertreibung (abgesehen von Ägypten). Warum dieser so schnelle Abzug von einer zweitausend Jahre alten Heimaterde?[116] Die jüdischen Gesellschaften des Orients seien mit dem israelisch-arabischen Konflikt versunken, sagt man uns im Allgemeinen, und der arabische Antijudaismus sei nur eine Folge des Palästinakonflikts. Nun wird das aber massiv durch die westlichen Zeugen der Jahre 1890–1940 entkräftet, ob sie nun Kolonialverwalter, Militärangehörige, Ärzte, Journalisten oder Reisende sind. Alle sprechen von der Heftigkeit einer antijüdischen Stimmung, die offensichtlich je nach Region und Zeitraum variabel und vom »Palästinaproblem« abgekoppelt ist. Der französischen Verwaltung in Nordafrika[117] sowie der italienischen

116 Mit Bezug auf seinen Film *Juifs et Musulmans: si loin, si proches* bemerkte der Regisseur Karim Miské in *Télérama* (16. Oktober 2013): »Ein Jude in der muslimischen Welt muss sich entscheiden. Tatsächlich hat er keine große Wahl. Wenn er sich dafür entscheidet, arabischer Jude zu bleiben, wollen die Araber wegen des zionistischen Projekts und der Gründung des Staates Israel nichts mehr von ihm wissen.« Dadurch impliziert man auch, dass die Juden vor dem Zionismus akzeptiert waren. Diese Behauptung wird von allen Archiven entkräftet.

117 In Algerien ab 1830, in Tunesien im Jahr 1881 und in Marokko ab 1912.

Verwaltung in Libyen[118] zufolge ist dieser Antijudaismus für Gesellschaften »intrinsisch«, in denen »der Jude« den am meisten verachteten Bestandteil der Bevölkerung bildete. Diese Behauptung kehrt wie ein Leitmotiv in jeder Beschreibung der arabischen Welt dieser Zeit wieder. Wer immer auch der Verfasser sei: Jude, Christ oder Muslim. Yomtov Semach, der 1910 im Auftrag der Alliance Israélite Universelle im Jemen auf Dienstreise war, bemerkte über den einheimischen Juden, dass er der »Helot der Bevölkerung«[119] sei.

In Wirklichkeit hat der Untergang schon lange vor dem Erscheinen des Zionismus begonnen, als vermittelt durch die Alphabetisierung und einen zaghaften Prozess der Verwestlichung die jüdischen Gesellschaften sich daran machten, den Abstand zu den arabischen Gesellschaften zu vergrößern. Da sie sich allmählich zwar de facto, aber niemals de jure und noch weniger in den Augen des muslimischen Nachbarn emanzipierten, wurde die Existenz der Juden in der arabischen Welt von der Mehrheit bald schon als *Existenzbehinderung* angesehen. Denn, wie Jean-Jacques Rousseau bemerkte: »Es ist unmöglich, alles, was uns übertrifft, was uns erniedrigt, was uns erdrückt, was uns, insofern es etwas ist, daran hindert, alles zu sein, nicht zu verabscheuen.«[120]

Übrigens verschlimmert der relative Mangel an Quellen die Schwierigkeit, die Geschichte der »jüdischen Gemeinschaften« zu schreiben, die aus einer armen Welt stammen – welche lange Zeit keine Historiker hatte. Ein Großteil der Quellen kommt aus den

118 Ab 1911.

119 Yomtov Semach, *Une mission de l'Alliance au Yémen*, Paris: AIU, 1910, S. 77. In seinem Bericht fügt Semach hinzu, als er von den Juden von Sanaa spricht, die er besucht: »Alle wiederholen mir gegenüber: ›Wir wissen nichts, wir kennen nichts, wir sind Wilde, wir wollen Menschen sein, wir haben so viel geschrieben, so viel gebetet, so viel geweint, unsere Stimme wurde nicht erhört, aber am Ende hat sich Gott unser erbarmt.‹ [...] Es mangelt ihnen an Selbstvertrauen, und unter der Unterdrückung durch die Araber kriechen sie im Staub. Sie werden verachtet, sie scheinen verächtlich zu sein«, zitiert von Georges Bensoussan, *Juifs en pays arabes*, a.a.O., S. 29f.

120 Jean-Jacques Rousseau, *Rousseau juge de Jean Jacques*, a.a.O., S. 219.

Archiven der Alliance Israélite Universelle (AIU), die 1860 in Paris gegründet wurde und ein wichtiges Werkzeug der Emanzipation, aber auch der Akkulturation der Juden der Mittelmeerwelt war, wie wir gesehen haben. Außerdem war sie das Vehikel einer orientalistischen Geschichte, die von dem Projekt einer Mission am Ort der »jüdischen Brüder eines rückständigen Orients« erfüllt war. Paradoxerweise wird die französische Institution zur Befreiung dieser Welt beitragen, ohne sie jedoch immer zu verstehen.[121]

Es kommt der arabischen Geschichtsschreibung zu, die Aufgabe mit Bezug auf diesen Gegenstand zu übernehmen, da sie jedoch mittellos ist, bleibt sie weit hinter der jungen polnischen Geschichtsschreibung der Gegenwart zurück, die sich dem jüdischen Anteil der Nation vor 1939 widmet. Die meisten arabischen Quellen bleiben verschlossen. Die jüdischen Quellen, die vor Ort erhalten wurden, sind schwer zugänglich, oder es gibt gar ein Verbot, sie außer Landes zu bringen. Die wenigen Forscher, die sich vor allem in Marokko und in Tunesien der Sache widmen, arbeiten unter schwierigen Bedingungen. In einem weiteren Sinne wird übrigens die Arbeit des Historikers in der arabischen Welt behindert, da er so sehr ein Synonym für die Dekonstruktion mythologisierender Erzählungen ist.[122]

Für die einen war die Lage der Juden auf arabischem Boden eine Zeit der Verfolgungen. Für die anderen war sie ein goldenes Zeitalter. Diese Diskrepanz zwischen so weit voneinander entfernten Standpunkten ist allein schon ein Zeichen für eine ideologisierende

121 »Eine hinterhältige Form des Vergessens ist hierbei am Werk«, schrieb Paul Ricœur in einem anderen Zusammenhang. »Sie ergibt sich daraus, daß die gesellschaftlichen Akteure ihres originären Vermögens beraubt werden, sich selbst zu erzählen«, *La Mémoire, L'histoire, l'oubli*, Paris: Seuil, 2000, S. 580; dt.; *Gedächtnis, Geschichte, Vergessen*, übers. v. H.-D. Gondek, H. Jatho und M. Sedlaczek, Paderborn, München: Fink, 2004, S. 684.

122 »Wie kann es sein, dass es in der arabischen Welt selbst heute noch an historischer Aufarbeitung im modernen Sinne des Wortes fehlt [...]? Warum gelingt es uns nicht, dieses Terrain zu entstauben und modernere Lesarten der Geschichte zu entwickeln?«, fragt Houria Abdelouahed in *Violence et Islam*, a.a.O., S. 25 (dt.: *Gewalt und Islam*, a.a.O., S. 29).

Interpretation. Der Mythos des goldenen Zeitalters wurde zum Teil von den europäischen jüdischen Intellektuellen des 19. Jahrhunderts gebildet, die von der Langsamkeit der Fortschritte bei der Emanzipation der Juden im Westen frustriert waren. Die Schübe antijüdischer Gewalt, die das christliche Europa erfuhr, hatten zwar auf arabisch-muslimischem Boden kein Gegenstück *desselben Ausmaßes*. Dennoch bleibt das jüdisch-arabische »goldene Zeitalter« eine imaginäre Konstruktion.

Nach der Vertreibung aus Spanien im Jahr 1492 hatten zahlreiche, auf Hebräisch verfasste Chroniken eine christliche Welt hervorgehoben, die den Juden feindlich gesonnen war, im Gegensatz zu einer wohlwollenderen muslimischen Welt. Die jüdischen Eliten Europas haben dann den Mythos der »Toleranz« des muslimischen Spanien im Kampf für ihre Emanzipation eingesetzt; sie haben sich »die Vergangenheit entsprechend der Bedürfnisse der Gegenwart«[123] angeeignet.

Dieser Mythos wird heute vom arabischen politischen Diskurs wieder aufgenommen. Anhand von Filmen und Büchern versichert er, dass Araber und Juden »fast immer« in gutem Einverständnis lebten. Und dass allein Europa und der Kolonialismus diese Harmonie verdorben hätten. Eine Verschlechterung, die durch den arabischen Nationalismus und mehr noch durch den Zionismus vollendet wurde, mit Bezug auf welchen die arabische Welt gerne glauben möchte, dass es sich dabei nur um eine Bewegung europäischer Juden handelt, indem folglich der Anteil verdunkelt wird, den die Juden des Orients daran hatten. Die Legende der ewigen »arabischen Toleranz« hat schließlich im ganzen Abendland gesiegt, ein Wunschdenken, das als Reaktion einen Gegen-Mythos hervorgerufen hat, der zwar ebenso simpel, aber weniger vernehmbar ist,

123 Pierre Nora, Jean-Noël Jeanneney, »Faire sentir la différence des temps«, Kreuzgespräch, das Gespräch führte Julie Clarini, *Le Monde des livres*, 11. Oktober 2013.

und der in der Lage der Juden auf arabischem Boden eine »Hölle des Alltags« sehen will.

Am 27. Juni 2014 veröffentlichte ein gewisser Moulay Abdellah Belghiti auf der Internet-Website *Lemag.ma* einen Aufsatz mit dem Titel: »Die Judenfrage stellt sich in Marokko nicht«. »Der Antisemitismus in Marokko«, erklärte er, »existiert nicht und wird nie existieren. Das ist so wahr, dass es, historisch gesehen, schwierig ist, das Gegenteil zu beweisen. [...] Im 20. Jahrhundert hat Mohammed V. sie [die Juden] gegen das antijüdische Gesetz von Vichy verteidigt [...]. Heute treffen Generationen junger Juden diese Feststellung selbst, wenn sie sich nach Marokko begeben, um ihre Verwandten zu besuchen und sich an den Kultstätten zu sammeln, und scheuen weder die Mühe noch verpassen sie die Gelegenheit, um die Güte und die Menschlichkeit der Muslime Marokkos zu bezeugen. [...] Die Juden Marokkos haben also immer schon wie bei sich zuhause in Achtung und Seelenfrieden an der Seite von Arabern und marokkanischen Berbern gelebt. [...] Juden und Marokkaner bewohnten dieselben Orte, besuchten sich gegenseitig, teilten ihre Speisen, heirateten untereinander[124], trieben gemeinsam Handel und wenn sie sich stritten, gab es immer ein Gericht oder Freunde versuchten, eine Entscheidung herbeizuführen, falls man sie nicht wieder miteinander versöhnen konnte. Auf diese Weise, so zivilisiert wie nur möglich, haben Marokko und die Marokkaner bewiesen und beweisen immer noch, dass der Islam in unserem Land weder eine Gefahr für die Juden noch für die Christen noch für irgendjemand sonst ist.«[125]

124 In Wirklichkeit waren die interreligiösen Ehen äußerst selten und manchmal sogar unvorstellbar (Anmerkung des Autors).

125 Moulay Abdellah Belghiti: »Es kann also in Marokko keinen Antisemitismus geben. Das Gegenteil zu behaupten bedeutet, die Unkenntnis der historischen Tatsachen unter Beweis zu stellen. Die Marokkaner kennen so etwas wie die Judenfrage überhaupt nicht. Diese Debatte kann bei uns gar nicht stattfinden. Wir Muslime Marokkos haben drei gute Gründe, um uns diese nutzlose Debatte zu ersparen: Der erste ist, dass die marokkanischen Juden immer in

Am Tag nach der französischen Demonstrationswelle vom 11. Januar 2015 antwortete Amar Lasfar, Präsident der Union islamischer Organisationen Frankreichs (UOIF), der zu einem Aufmarsch nach Paris gekommen war, einem Journalisten des *Figaro*, der ihn zum »schleichenden Antisemitismus bei manchen jungen Muslimen« befragte: »Wie überall gibt es Rassismus und Antisemitismus. Aber die Muslime sind keine Antisemiten. Ich stamme aus Marokko und lebe seit fünfunddreißig Jahren in Frankreich. Dort wie hier haben wir immer in Harmonie mit den Juden gelebt. Die Wurzel des Antisemitismus hat ihren Ursprung in Europa.«[126]

Frieden und im Einvernehmen mit den Arabern und Berbern gelebt haben. Wir haben niemanden vertrieben [...]. Nun, und das ist unser dritter guter Grund, warnen aber die Lehren des Islams vor jeder diskriminierenden Einstellung und erinnern daran, dass alle Menschen gleich sind und dass jeder die Freiheit hat, die Religion seiner Vorfahren auszuüben. Und aufgrund dieser Tatsache haben wir weder Lektionen zu empfangen noch eine Haltung von irgendjemandem zu übernehmen. Die Judenfrage stellt sich also für die Marokkaner nicht. Und dennoch stoßen die marokkanischen Internetbenutzer immer häufiger auf Texte und Videos, die zumindest suspekt sind. Einzelpersonen, die manchmal Intellektuelle sind, aber die marokkanische Sensibilität nicht kennen, drängen Ideen und Überzeugungen auf, die nicht sehr vernünftig sind. Sie sprechen vom Antisemitismus in Marokko. Wir haben aber gerade gezeigt, dass es so etwas nie gegeben hat.«

126 »Amar Lasfar: ›Les musulmans français, meilleurs alliés contre le terrorisme‹«, das Gespräch führte Jean-Marie Guénois, *Le Figaro*, 11. Januar 2015.

Kapitel 5

Erzählungen

Während des Zweiten Weltkriegs soll der Sultan Marokkos (der zukünftige König Mohammed V.) die Juden vor Verfolgungen beschützt haben. Ende der 1980er Jahre ersucht Be Yahad (»Miteinander«), eine Bewegung von Israelis, die aus diesem Land stammen, die Gedenkstätte Yad Vashem in Jerusalem, dem ehemaligen Sultan den Titel »Gerechter unter den Völkern« zu verleihen, und veröffentlicht eine Schrift zur Unterstützung ihres Vorhabens.[127] Be Yahad verlangt außerdem, dass diese Geschichte künftig in den israelischen Schulbüchern stehen soll, eingefügt in das Kapitel, das sich auf die Juden Nordafrikas während des Zweiten Weltkriegs bezieht. Der Text wird mit allen Ehren dem Sohn Mohammeds des V., König Hassan II., zu seinem 58. Geburtstag überreicht. »Den Juden Marokkos ist während des Zweiten Weltkriegs ein Wunder geschehen«, steht dort zu lesen, »als sie aus den Händen des nazistischen Unterdrückers gerettet wurden. In Erinnerung an dieses Wunder schrieben die marokkanischen Juden sogar das Buch Hitler, nach dem Vorbild des Buches Esther. Nach der Niederlage Frankreichs und seiner Kapitulation gegenüber den Nazis blieb Marokko ebenso wie die anderen französischen Kolonien Nordafrikas unter dem abscheulichen Vichy-Regime. Unter dem Schutz dieses rassistischen

127 *Récit des rouleaux en hommage à Mohammed V.* [Erzählung der Schriftrollen zu Ehren von Mohammed V.].

Regimes hat die deutsche Propaganda alles getan, um die marokkanischen Nationalisten zu ermutigen, sich gegen die Juden zu erheben. Wenn diese Propaganda unglücklicherweise erhört worden wäre, wäre eine Atmosphäre entstanden, die für die Ausführung einer Politik der Endlösung in Marokko geeignet gewesen wäre. Zwar wurden zwischen Oktober 1940 und August 1941 auf Betreiben der Vichy-Regierung in Marokko bestimmte diskriminierende Gesetze gegen die Juden erlassen, die im Königreich Marokko durch königliche Dekrete Gültigkeit erlangten. Aber während dieser ganzen Zeit bezeugte der verstorbene König Sidi Mohammed V. Mitgefühl gegenüber den Juden, indem er häufig seinen Würdenträgern erklärte, dass er die Juden wie vollwertige Marokkaner betrachtete, die den anderen Kindern Marokkos gleichgestellt sind, und dass er weder ihren Leib noch ihren Besitz antasten würde. Nicht umsonst haben die Juden Marokkos in ihm einen Gerechten unter den Völkern gesehen. [...] Tausende marokkanischer Soldaten antworteten auf den Aufruf ihres Königs Mohammed V. und haben sich am Krieg gegen Deutschland beteiligt. Viele von ihnen haben die Befreiung Europas vom Joch der Nazis mit dem Leben bezahlt. Bei seiner Rückkehr aus dem Exil, nach der Begründung der Unabhängigkeit hat König Mohammed V. zahlreiche Juden in höhere Ämter berufen, darunter den Arzt Léon Benzaquen auf den Posten eines Ministers und den Rabbiner David Obadia als Abgeordneten. Er erneuerte die Tradition, der zufolge die Juden hohe Ämter bekleideten und in der Lage waren, die Diplomatie und Wirtschaft des marokkanischen Staats zu beeinflussen. Im Lichte des eben Gesagten ist der verstorbene König Mohammed V. der Anerkennung der Ehrerbietung des ganzen jüdischen Volkes würdig, und insbesondere derer, die aus Marokko stammen. Gepriesen sei sein Andenken.«

Yad Vashem begegnet dem Gesuch mit Kälte. Dov Shilanski, Vorsitzender des Verwaltungsrats der Einrichtung, berät sich mit seinem

Generaldirektor, dem Historiker Itzhak Arad: »Beiliegend ein Brief der Bewegung Be Yahad sowie eine Schrift, die diese herausgegeben hat und die im Wesentlichen die Übersetzung einer Schriftrolle ist, die am 10. Juli 1987 als Würdigung von Mohammed V., König Marokkos, geschrieben wurde. Diese ganze Aktion soll den Vater des gegenwärtigen Königs [Hassan II.] von dem Bild reinwaschen, das ihm angehängt wurde, und von der Anklage der Kollaboration mit den Deutschen.«[128] Yad Vashem treibt die Untersuchung nicht weiter und erklärt, dass das Zeit und ein entsprechendes Budget erfordert hätte. Jedenfalls teilt eine der Verantwortlichen des Gemeinderegisters Tunesiens und Libyens in der israelischen Einrichtung, Irit Abramski-Bligh, ihr Empfinden mit. »Rechtlich und in der Praxis«, schreibt sie, »ist Mohammed V. der Unterzeichner aller *Tahirim* [königlicher Erlässe] [...], die in Marokko den ›Status der Juden‹ realisieren sollten. [...]. Auf marokkanischem Boden wurden Konzentrationslager für Juden aus dem Ausland und für marokkanische Juden, die bestraft wurden, errichtet [...]. Er hat keinen Protest gegen diese Maßnahmen eingelegt.«[129]

Diese Meinung ist auch die des französisch-israelischen Historikers Michel Abitbol, der ebenfalls die Auffassung vertritt, dass der Beistand, den Mohammed V. seinen jüdischen Untertanen leistete, mehr ein Gerücht als erwiesene Tatsache ist; dass nach dem Vorbild des Bey von Tunesien der Sultan Marokkos gezwungen war, die Erlasse der Vichy-Regierung zu unterzeichnen. Doch, fügt Abitbol hinzu, »im Unterschied zum Bey von Tunis hatte er sich untersagt, jegliche Stellung zu beziehen und irgendwelche Handlungen zu unternehmen, die als Verletzung der Politik von Vichy verstanden werden könnten. Das Einzige, was er tat, bestand darin, mit großem

128 Brief vom 27. Oktober 1987.

129 Archive Yad Vashem, AM2/1944, zitiert von Hanna Yablonka, *Les Juifs d'Orient, Israël et la Shoah*, Paris: Calman-Lévy/Mémorial de la Shoah, 2016. Das Schiff, das die illegalen jüdischen Emigranten beförderte, hatte vor der Küste von Gibraltar Schiffbruch erlitten.

Prunk die Abordnungen der marokkanischen Juden im Mai und Juni 1942 zu empfangen, die gekommen waren, um ihm die sehr gravierenden Folgen der Anwendung des Status der Juden vor Augen zu führen.[130] Nach dem, was wir heute wissen«, hebt Michel Abitbol noch einmal hervor, »wurde keine antijüdische Maßnahme im Anschluss an die Intervention des Sultans annulliert oder ausgesetzt.«[131]

Tatsächlich ordnete ein königlicher Erlass vom 22. August 1941 die Vertreibung der wohlhabenden Juden an, die in den europäischen Vierteln der wichtigsten Städte und Ortschaften Marokkos Häuser und Unternehmen besaßen (zumindest mussten sie nachweisen, dass sie dort schon vor 1939 gewohnt hatten). Einige hundert jüdische Familien, die vertrieben wurden, mussten in eine übervölkerte und unhygienische *Mellah* zurückkehren, was den Krankheitszustand der jüdischen Bevölkerung und insbesondere die Ausbreitung von Tuberkulose, Typhus und anderen ansteckenden Krankheiten verschlimmerte. Die Maßnahme erwies sich jedoch im großen Maßstab als nicht durchführbar, wie beispielsweise in Casablanca, wo die Juden 20 % der Bewohner des europäischen Teils der Stadt ausmachten.

Bei der Landung der Amerikaner (am 8. November 1942) waren die Juden unter den wenigen, die offen ihre Freude zum Ausdruck brachten. Anschließend sah man in den Straßen von Casablanca Aktivisten der Légion des combattants eine »Strafexpedition« gegen die Juden starten, insbesondere die aus der *Mellah*, die am schutzlosesten waren, wobei man manche von ihnen angriff und plünderte und am Ende eine Synagoge entweihte. Andere Vorfälle wurden an den folgenden Tagen aus anderen Städten berichtet, in denen die aufständischen Massen nicht nur das französische Kolonat der extremen Rechten versammelten, das von einigen Poli-

130 Michel Abitbol, *Les Juifs d'Afrique du Nord sous Vichy*, Paris: Riveneuve Éditions, 2008, S. 78.
131 Ebd., S. 181.

zisten und Soldaten, aber auch von Muslimen unterstützt wurde. Die Feindseligkeit eines Teils der arabischen Bevölkerung gegenüber den Juden[132] war nicht nur die Frucht einer »französischen Manipulation«, sondern beruhte auf einer Wirklichkeit, die der französischen Kolonialisierung vorausging und wahrscheinlich durch sie verschlimmert wurde. Am 16. Januar 1943 bemerkte ein Journalist der *New York Times*, Drew Middleton, diesbezüglich: »Das Problem der Juden wird durch die beträchtliche arabische Bevölkerung kompliziert, die zahlreiche Bestandteile umfasst, die aus religiösen Gründen von einem alten Hass gegenüber den Juden beseelt sind.«[133] Aus Gründen, die offensichtlich nichts mit einem Philosemitismus zu tun haben, hat wahrscheinlich der Generalresident Frankreichs in Marokko, General Noguès (der selbst ein erwiesener Antisemit war), die Anwendung antijüdischer Gesetze der Vichy-Regierung mehr als der Sultan gebremst; insbesondere im Bereich der Bildung, von der alleinigen Sorge geleitet, die französische Position nicht zu schwächen.

In den Jahren 1943–1944 zeigt sich der Sultan von Marokko gegenüber seinen jüdischen Untertanen günstiger gestimmt, und diese Wende ist nicht nur mit der Landung der Alliierten (am 8. November 1942) verknüpft, sondern vielmehr mit den diplomatischen Manövern, die der Makhzen, die Regierung des Sultans, im Anschluss daran gegenüber den Vereinigten Staaten unternimmt. Wie viele ist nämlich der Sultan davon überzeugt, dass die Juden im Zentrum der Macht Amerikas stehen. Nach der Konferenz von Casablanca-Anfa (Januar 1943), die unter anderem Roosevelt und Churchill zusammenbrachte, urteilt er zurecht, dass Präsident Roosevelt den Kampf der Marokkaner für ihre Unabhängigkeit unterstützen wird. Er muss also die Sympathie der Vereinigten Staaten

132 Siehe Yves Aouate, *RHS*, Oktober 2016, Nr. 205.

133 Zitiert von Norman Stillman, *RHS*, Oktober 2016, Nr. 205.

gewinnen, und zuallererst die der amerikanischen Juden. Die Juden des Protektorats stellen gewissermaßen eine Tauschmünze dar. Das ist zumindest teilweise der Grund für seinen »Philosemitismus«, ein »Philosemitismus«, der umso erstaunlicher ist, als der Großwesir El Mokri im Jahr 1940 privat heftige antisemitische Reden führte, wie Paul Baudoin, Außenminister des Vichy-Regimes in seinen Memoiren bestätigte.[134]

Die diplomatischen Archive Frankreichs bewahren ein Dokument auf, das aus der Generalresidenz Marokkos in Rabat stammt, auf den 15. November 1943 datiert und mit *Vertraulich* überschrieben ist: »Im Laufe eines Gesprächs mit dem Pascha in der jüngsten Vergangenheit«, steht dort zu lesen, »kam die Rede auf die Frage der Wiederherstellung des Crémieux-Erlasses. Es folgt eine Zusammenfassung des Sinnes dieser Rede.« Der leitende Zivilkontrolleur der Region Rabat, Abbadie, fasst daraufhin die Rede seines marokkanischen Gesprächspartners zusammen: »Frankreich, d. h. diejenigen, die es gegenwärtig vertreten, hat wirklich ein kurzes Gedächtnis. Ihr Land ist am Rande des Abgrunds angelangt in einer Situation, die derart ist, dass seine Zukunft als große Nation der Katastrophe nur knapp entging. Die Verantwortlichkeiten sind bekannt, sie hatten das Handeln der Regierung Blum und aller Juden, die die Kommandohebel bedienten, zum Ausgang. Und Sie geben erneut den Juden, die keine anderen Ambitionen haben, als die Welt durch Geld zu beherrschen, die Möglichkeit, ihr heimtückisches und verhängnisvolles Handeln wieder aufzunehmen. Für uns in Marokko sind die politischen Auswirkungen dieser erneuten Inkraftsetzung kaum spürbar, da es ja zwischen diesen beiden Kategorien von Marokkanern keinerlei Gegnerschaft geben kann, aber als Muslime empfinden wir den Mangel an Achtung, der unsere

134 Siehe Michel Abitbol, *Le Passé d'une discorde*, Paris: Perrin, 1999, S. 373.

Glaubensgenossen des Nachbarlandes betrifft.« »Diese Meinung des Pascha«, kommentiert anschließend der Zivilkontrolleur, »scheint mir diejenige seines Sohnes Si Ahmed widerzuspiegeln und folglich auch die des Hohen Makhzen; auf diese Weise drückt sie zweifelsohne die Stimmung der sogenannten ›aufgeklärten‹ Meinung Rabats aus.«[135]

Mit der bemerkenswerten Ausnahme des Algeriers Messali Hadj[136] haben die muslimischen nationalistischen Gruppen, die es in Frankreich gab, im Allgemeinen Vichy und das Reich in den ersten beiden Jahren der Besatzung unterstützt. Schon vor 1939, schrieb der Historiker Charles-Robert Ageron, hatte die allgemeine Regierung in Algerien den »bezeichnenden Wunsch [bemerkt], der von zahlreichen algerischen Schülern und Studenten formuliert wurde, Deutsch zu lernen«.[137] In Algerien war es auch, dass 1933 ein Industrieller eine Swastika auf das Zigarettenpapier zeichnen ließ, um den Absatz seiner Zigaretten zu fördern.[138] Im Juli 1933 bemerkte der Präfekt von Oran (Algerien) die »latente antijüdische Wut«, die in seiner Region vorherrscht, indem er den Antisemitismus der Ureinwohner (es wird dieser Begriff verwendet) zur Sprache brachte. Er erinnerte daran, dass während des großen Trödelmarkts, der jedes Jahr in Tlemcen stattfindet, »junge Einheimische« die muslimischen Kundinnen an den Ständen, die von jüdischen Händlern unterhalten wurden, mit den Worten anfuhren: »Verdammt sind diejenigen, die bei Juden kaufen!«[139]

135 CADN, diplomatische Abteilung, Marokko, Aktenzeichen 669, Akte 3, »Judenfragen«.

136 Gleichzeitig und wiederholt haben die reformistischen muslimischen Ulamas den antijüdischen Rassismus verurteilt. Insbesondere ihr wichtigster Vertreter, Abdelhamid Ibn Badis, der im Frühling 1940 starb. Aber auch der andere große reformistische muslimische Anführer, Scheich El Oqbi, der beständig, so der Historiker Yves Aouate, ein Verhalten zeigte, das »voller Fürsorglichkeit und Freundschaft gegenüber der jüdischen Gemeinschaft war« (a.a.O.).

137 Charles-Roger Ageron, »Les populations du Maghreb face à la propagande allemande«, *Revue d'histoire de la Seconde Guerre mondiale*, 1979, Nr. 14, S. 3.

138 Michel Abitbol, *Les Juifs d'Afrique du Nord sous Vichy*, a.a.O., S. 55.

139 CADN, Marokko, D.I., QJ, Akte 24, Oran, 23. Juli 1933.

Man hört »in den Moscheen und in den Medien Reden, die den Juden gegenüber wenig zuträglich sind. Infolgedessen werden die antisemitischen Stimmungen der muslimischen Bevölkerung besonders von den Nationalisten ausgenutzt«, berichtet die französische Verwaltung 1937 in Marokko.[140] »Junge und Alte mit nationalistischen Neigungen, Frankophile und Frankophobe unterhielten sich in ihren Gesprächen diskret und insgeheim über das Judentum«, stellt im Juli 1938 der regionale Sicherheitsdienst von Safi (Marokko) fest. »Alle scheinen sich darin einig zu sein, die Ursachen der Übel, an denen die Welt und insbesondere Marokko leidet, auf die Juden zurückfallen zu lassen. [...] Sie werfen ihnen vor, nichts zu tun und als Parasiten von der Arbeit aller anderen Arbeiter zu leben.«[141]

Dieselben Berichte, die von der französischen Verwaltung stammen, bemerken, dass in den Kinosälen die Erscheinung Adolf Hitlers während der *Actualités cinématographiques* (Kinonachrichten) bei den »einheimischen Muslimen« donnernden Beifall auslöst. Motiviert von einer antifranzösischen Stimmung? Ganz gewiss. Aber wohl nicht ausschließlich. Der Antisemitismus, als dessen Herold Adolf Hitler in jener Zeit erschien, schien umso legitimer zu sein, als er durch eine große Nation Europas bestätigt wurde, die darüber hinaus auch noch als »Erbfeind« des Kolonialherrn dargestellt wurde. Zur Erinnerung: 1925 erschien die erste arabische Übersetzung der *Protokolle der Weisen von Zion*.[142] Und 1934 erschien in Kairo eine erste Biografie Hitlers in arabischer Sprache (die in Marokko im folgenden Jahr zum Verkauf angeboten wurde).

140 CADN, Marokko, D.I., QJ, Akte 24, Meknès, 28. Juni 1937.

141 CADN, Marokko, D.I., QJ, Akte 24, Safi, 9. Juli 1938.

142 Die berühmteste Fälschung des zeitgenössischen Antisemitismus, die von den Agenten des Zaren Nikolai II. fabriziert und in Russland erstmals 1903 veröffentlicht wurde. Dieses Dokument schrieb den »Oberhäuptern des Weltjudentums« (den Weisen von Zion), die zu einer Geheimversammlung zusammengekommen waren, die Veranstaltung einer Verschwörung zu, um sich die Weltherrschaft zu sichern.

»Alle Araber und Mohammedaner in den verschiedensten Gegenden der Welt hätten eine große Achtung für Deutschland, die noch gesteigert worden sei durch den Kampf, den Deutschland gegen das Judentum, den Erzfeind der Araber, führe«, versicherte im Februar 1939 König Ibn Saud von Arabien.[143] »In jedem Gespräch mit Arabern bekunden diese ihre Freude über den Antisemitismus«, berichtete im März 1939 ein deutscher Hauptmann, der aus Nordafrika zurückgekehrt war.[144]

Mitte der 1930er Jahre erlebt die arabische Welt unter dem Einfluss des italienischen Faschismus sowie des Nazismus die Entstehung nationalistischer und paramilitärischer Bewegungen, zumeist Jugendbewegungen, die nach dem Vorbild der Hitlerjugend geschaffen wurden, deren Ritual und Symbole sie übernehmen, das ganze theatralische Spektrum der totalitären Bewegungen. Man erinnert sich an die Eisenhemden in Syrien (*Al Qumsan Al Hadidiya*) und an die Löwenjungen der arabischen Kultur (*Ashbal Al Uruba*), die den gewalttätigen Kampf preisen, den Nazigruß übernehmen und Hitlers *Heil* durch das Wort *Dschihad* ersetzen, das dreimal gebrüllt wird. Im Jahr 1932 gründet der griechisch-orthodoxe Libanese Antoun Saadé im selben Geist die syrische Volkspartei, die sich ab 1933 das Hakenkreuz aneignet und einen Schlachtruf übernimmt, der vom Pangermanismus abgeleitet wurde: »Syrien über alles.«

Zu Teilen nazifiziert, profitiert dieser arabische Nationalismus von der finanziellen und ideologischen Unterstützung des Reichs sowie von der Hilfe des Muftis von Palästina. Die antijüdische Propaganda, in die er verfällt, schert sich bald nicht mehr um irgendeinen Unterschied zwischen Judentum und Zionismus. Die Ankunft von jüdischen Flüchtlingen aus Europa in den Ländern des Nahen

143 Zitiert von Martin Cüppers und Klaus-Michael Mallmann, *Halbmond und Hakenkreuz: das Dritte Reich, die Araber und Palästina*, Darmstadt: Wiss. Buchgesellschaft, 2006, S. 46.

144 Ebd., S. 48.

Ostens erhöht die Spannungen und führt zu Gerüchten, wie beispielsweise zu jenem, das in Syrien, im Libanon und in Palästina umgeht, demzufolge der Vorsitzende der jüdischen Gemeinde von Beirut, Selim Harari, eine Einreiserlaubnis für 50 000 jüdische Flüchtlinge aus Europa beantragt hätte. In diesem angespannten Umfeld werden Juden in den Straßen von Damaskus und Aleppo in Syrien ermordet, manchmal sogar vor den Augen von Polizisten, die ungerührt blieben. Zur selben Zeit werden die beiden wichtigsten jüdischen Gemeinden Syriens dazu aufgefordert, ihre Loyalität zum syrischen Vaterland zu bekunden, indem sie öffentlich und in regelmäßigen Abständen den »Zionismus« leugnen sollen; indem sie außerdem ihren Beitrag für das »arabische Palästina« entrichten; indem sie den Boykott ihrer Geschäfte sowie die offen nazistische Propagandalawine ertragen, die von einem Zentrum verbreitet wird, das von der syrischen Volkspartei und palästinensischen Aktivisten 1938 eröffnet wurde. 1939 werden in den jüdischen Vierteln von Beirut, Damaskus und Sidon Handgranaten geworfen, und besonders in Beirut werden im Juli 1939 Lagerhäuser und Läden im jüdischen Viertel zerstört.[145]

Von 1940 an wird Berlin sich auf die vermeintlich germanophile Einstellung der Maghrebiner stützen, die im besetzten Frankreich leben. Im Dezember 1940 wird in Paris ein Propagandabüro eröffnet, das die muslimische Bevölkerung des Maghreb als Zielgruppe hat, um bei dieser eine Meinungsschlacht zu gewinnen, wobei die antifranzösischen und antijüdischen Stimmungen in Berlin bekannt sind. Seine Begeisterung wird allerdings durch das Treffen von Montoire gedämpft, bei dem die Zusicherung unterzeichnet wurde, dass das Reich die französische Kolonialordnung nicht antasten wird (Oktober 1940). Was einige Nordafrikaner, die im

145 Siehe den israelischen Historiker Guy Bracha (*RHS*, Oktober 2016, Nr. 205).

besetzten Frankreich leben, nicht daran hindert, mit dem Reich zu kollaborieren. Unter ihnen befindet sich der (in Frankreich eingebürgerte) Algerier Mohammed El Maadi, ehemaliges Mitglied der Cagoule, der an der Gründung des Rassemblement national populaire (RNP) von Deloncle und Déat teilnimmt.[146] Die Kollaboration ist jedoch spärlich, auch wenn im Maghreb mehreren diplomatischen Quellen zufolge die Sympathie der »arabischen Straße« für das Reich offenkundig war. Es zirkulierten Lieder zum Ruhm Hitlers, von denen eines den Titel trug *Hitler, der Großmütige, Hitler, der Erlöser*. Eine der Strophen versicherte, dass »Hitler, der Siegreiche, großzügig ist; er will die unglücklichen Völker von der Unterdrückung befreien«.[147] Die antifranzösische und antikolonialistische Stimmung, die von Natur aus politischer als der Antisemitismus war, liegt offensichtlich dieser »Sympathie« zugrunde. Dennoch, lässt sich dabei jeglicher antisemitische Aspekt ausschließen? Die gewaltige Masse der Archive des kolonialen Maghreb gibt darauf eine negative Antwort.[148]

146 Der RNP war Anhänger der Zusammenarbeit mit Nazideutschland und wurde im Februar 1941 von zwei Männern mit unterschiedlichem Hintergrund gegründet. Déat war ehemaliger Sozialist und Deloncle ehemaliges Mitglied der Bewegung der extremen Rechten La Cagoule.

147 Siehe Georges Bensoussan, *Juifs en pays arabes*, a.a.O., S. 536ff.

148 Siehe z. B. Michel Abitbol, *Juifs et Arabes au XX*^e^ *siècle*, a.a.O.

KAPITEL 6

Jerusalem

Die Stellung von Jerusalem im Islam (und folglich im Konflikt, der Israelis und Araber einander entgegensetzt) nährt einen endlosen Streit. Bernard Lewis erinnerte daran, dass die »Heiligkeit Jerusalems« für die muslimischen Theologen einst als »judaisierender Irrtum« galt. Der israelische Jurist und Historiker Eliezer Cherki, Experte für muslimisches Recht in seinem Land[149], erklärt, dass der Name der Stadt in keinem der 6 219 Verse des Korans auftaucht. Der Text des Korans erwähnt die Stadt nur, um sie abzuweisen, da sie weder das Zentrum der Welt noch der Ort ist, nach dem man sich zum Gebet (*Qibla*) wenden muss. Die arabische Vorstellungswelt und im weiteren Sinne die Vorstellungswelt des Islams wurden nach der Geometrie Arabiens geformt, während die biblische Geografie dem Koran fremd bleibt. Jerusalem, Hebron, Bethlehem, die Berge von Judäa und die Hügel Samariens sind dort unbekannt. »All das«, bemerkt Eliezer Cherki, »besagt nichts, klingt weder in den Ohren noch im Herzen Mohammeds und der arabischen Beduinenstämme.«

Gemeinsam mit anderen Islamexperten erinnert Cherki an die Verwurzelung Mohammeds im Arabien seiner Zeit[150], und präzi-

149 Siehe *Controverses*, Juni 2011, Nr. 17.

150 Eliezer Cherki, dem ich für diese fundierte und problematisierende Aufhellung danke, stellt in dem Gespräch, das er am 6. Mai 2016 mit mir führte, die Bedeutung der Toponymie Arabiens im Koran klar. Außer d'al-Safâ und al-Marwa (Koran, II, 153) zitiert er auch al-Hijr (Koran, XV, 80),

siert, dass die Deutungen mit Bezug auf die Reise des Propheten nach Jerusalem (die Episode, die als *Al Buraq* bezeichnet wird) später hinzugefügt wurden; und dass die ersten Vermittler der Tradition Jerusalem nicht erwähnen.[151] In Mekka, der Hochburg der Offenbarung des Korans, vernahm Mohammed zum ersten Mal, wie der Engel Gabriel sich an ihn wandte. Nach seiner Ankunft in Medina im Jahr 622 und dann während der folgenden siebzehn Monate wandten sich Mohammed und die erste muslimische Gemeinde nach Jerusalem, um zu beten. Bis durch »göttlichen Erlass« (um Cherkis Formulierung zu übernehmen) die Änderung der Ausrichtung der *Qibla* nach Mekka verfügt wurde.

Die Experten für die muslimische Welt, ob sie Muslime sind oder nicht, stimmen in dem Zugeständnis überein, dass Jerusalem im Islam keinen heiligen Charakter besitzt und in den Augen der Muslime nur solange eine Herausforderung darstellt, wie die Stadt von den »Ungläubigen« kontrolliert wird. Aber sobald die muslimische Souveränität wiederhergestellt ist, fällt Jerusalem ihrer Ansicht nach wieder dem Vergessen anheim. Die arabischen Eroberer, bemerken sie, beeilen sich nicht, die Stadt zu besetzen (sie fällt schließlich im Jahr 636), und nachdem sie einmal in ihrem Besitz ist, machen sie

al-Arim (Koran, XXXIV, 15), den Berg Arafat (Koran, II, 198), eine »nicht erschöpfende Liste«, wie er betont. Und fügt »die Tiefe der arabischen und beduinischen Sättigung (die offensichtlich ist und nie bestritten wurde) bei Mohammed in ihrer sprachlichen, kulturellen, religiösen, historischen, legendenhaften und auch geografischen Dimension [hinzu]. [...] In diesem Zusammenhang sollte man nicht nur die Toponymie, sondern auch die Welt der beduinischen Sitten und Gebräuche erwähnen, die im Koran einen sehr breiten Raum einnehmen (selbst wenn es dabei oft nur darum geht, sie zu verurteilen): *al-ba'hirâ, al-sâ'iba, al-wasîla, al-'hâmi* (Koran, V, 25) etc.« »Das Ganze wird offensichtlich gekrönt«, fügt er im Lauf desselben Gesprächs hinzu, »von der Zentralität des polytheistischen Heiligtums der Ka'aba (Koran, II, 119, III, 90 etc. noch mehrmals erwähnt). Gereinigt und eingearbeitet in eine monotheistische Perspektive, wird das ganze komplexe polytheistische Ritual mit diesem Ort verknüpft, der *en bloc* in den Islam integriert wird, und zwar nicht nur in den Einzelheiten des Hadsch, sondern auch im Hinblick auf die heiligen Orte, die damit verbunden sind: zunächst natürlich der schwarze Stein, aber auch die heilige Quelle des Zamzam, die Steinwürfe bei Minâ, die Stationen bei Muzdalifa etc.«

151 Die Übersetzung von Jerusalem hat nie »die am weitesten entfernte Moschee« bedeutet, sondern »die himmlische Moschee«. Und diese mystische Erhöhung Mohammeds habe sich in einem Traum von Mekka aus ereignet, erklärt Cherki.

aus ihr nicht ihre Hauptstadt (die sie in Damaskus gründen), und nicht einmal eine Regionalhauptstadt, weil sie zu diesem Zweck die Stadt Ramla erbauen, die nicht weit von Jerusalem entfernt liegt. Keine der muslimischen Dynastien, die über die Stadt regierten, verstieß je gegen diese Regel. Weder die Umayyaden noch die Abbasiden noch die Ayyubiden noch die Mameluken noch die Osmanen. In der arabisch-muslimischen Vorstellungswelt erscheint die Stadt als zentral, sobald sie der Autorität des Islam entzogen ist wie im 12. Jahrhundert bei den Kreuzzügen. Und wie es seit 1948 der Fall ist.

Sari Nusseibeh, palästinensischer Intellektueller (Christ), Absolvent von Harvard und Oxford in Philosophie und eine Zeit lang Rektor der Universität von Jerusalem Al Qods, war lange für die Stadtakten bei der PLO zuständig. Im Jahr 2009, während einer internationalen Forscherkonferenz über die *Geschichte des Tempelbergs* an der École Biblique von Jerusalem, räumt Sari Nusseibeh eine religiöse und historische Verbindung zwischen den Juden und dem Tempelberg ein, da der Tempel, der durch Kaiser Titus im Jahr 70 unserer Zeitrechnung zerstört wurde, auf der sogenannten Esplanade der Moscheen lag. Im selben Jahr behauptet er in einer Jerusalem gewidmeten Enzyklopädie die zentrale Stellung der Stadt in der jüdischen Tradition und die einstige Existenz des Tempels auf dem Berg Moriah. Die jüdische Legitimität wird auf der religiösen Ebene gerechtfertigt, erklärt er: »Gott hat die Erde von Kanaan geheiligt, und er hat sie seinen Kindern Israels zugedacht. Der legendäre Tempel Jerusalems ist wahrscheinlich der Ort, an dem Gott gegenwärtig war, die *Schechina*, und dort haben die großen Priester Gott gedient.« Diese Sätze rufen in der arabisch-muslimischen Welt zwar Protest hervor[152], aber Sari Nusseibeh lehnt es ab, seine Aussagen

152 Im Jahr 2002 hatte Nusseibeh den Eklat bereits in seinem eigenen Lager herbeigeführt. Gemeinsam mit dem Israeli Ami Ayalon hatte er eine Erklärung unterzeichnet, die auf dem Prinzip »zwei Völker, zwei Staaten« beruht. Daraufhin wird er von Yassir Arafat seiner Ämter enthoben.

zurückzunehmen und diesen Text abzuändern, wie man es von ihm verlangt. Die Polemik offenbart die strittigen Punkte um die Ernennung eines Ortes, an dem der Tempelberg hinter der Esplanade der Moscheen mit dem Ziel verschwand, jegliche jüdische Rechtmäßigkeit auf diesem Gelände auszulöschen.

Am 25. Oktober 2015 erklärt der Großmufti von Jerusalem, Scheich Muhammad Ahmad Hussein, im israelischen Fernsehen, dass die Al-Aqsa-Moschee an einem Ort gebaut wurde, der »vor 3 000 und vor 30 000 Jahren [existierte]. [...] Und seit der Schöpfung der Welt.« Um zu folgern, dass es an diesem Ort offensichtlich nie einen jüdischen Tempel gegeben hatte.[153]

Die Verneinung der Präsenz der Juden in Jerusalem wird von der Sache Palästinas instrumentalisiert, als im April 2016 der Vorstand der UNESCO, der sich zu seiner 199. Sitzung in Paris versammelte, eine Resolution annimmt, die von der palästinensischen Behörde vorgeschlagen wurde und derzufolge es keine Beziehung religiöser Natur zwischen dem jüdischen Volk, dem Tempelberg und der westlichen Mauer (die im Westen Klagemauer genannt wird) gibt. Einige Monate zuvor, am 21. Oktober 2015, hatte die UNESCO die Patriarchengruft (Hebron) und Rachels Grab (bei Bethlehem), zwei der heiligsten Orte des Judentums, als muslimische Stätten des zukünftigen palästinensischen Staats klassifiziert.[154]

Die Islamisierung der heiligen jüdischen Orte ist Teil einer allgemeineren Auslöschung des jüdischen Anteils an der arabischen Welt, von der jüdischen Dimension der Ursprünge bis zur jüdischen Präsenz auf arabischem Boden, die dem Islam weit vorausgeht. So wäre also die Erzählung des Judentums seit dem Tempelberg bis zur

153 Wie Pierre-André Taguieff berichtet, *RHS*, Oktober 2016, Nr. 205.

154 Der palästinensische Präsident Mahmoud Abbas erklärte einen Monat zuvor, am 24. September 2015: »Die Juden haben nicht das Recht, die Al-Aqsa-Moschee mit ihren schmutzigen Füßen zu besudeln. Wir erlauben es ihnen nicht, und wir werden alles in unserer Macht Stehende tun, um Jerusalem zu beschützen.« Siehe http://www.memri.fr/2015/09/24.

massiven Abwanderung der Jahre 1945–1965 Teil einer kollektiven Wahnvorstellung.[155]

Die Frage nach der Präsenz der Juden in Jerusalem und in Hebron während der osmanischen Epoche bietet ein weiteres Beispiel für die Umschreibung der Geschichte. »Man kann sagen, dass die Präsenz der Juden in Jerusalem während der muslimischen Herrschaft die längste und dauerhafteste war. [...] So stellen wir eine ununterbrochene Präsenz von sieben Jahrhunderten unter aufeinander folgenden muslimischen Mächten fest. Nirgendwo anders auf der Welt, nicht einmal in Palästina vor dem Islam, hat das Judentum eine solche Kontinuität gekannt«, versichert der palästinensische Historiker Nazmi Al-Jubeh in einer kürzlich erschienen Arbeit.[156] Zwar widerspricht die Figur des Muftis von Jerusalem der Legende ein wenig, aber man wird hier auf den »untypischen« und »kaum repräsentativen« Aspekt verweisen. »Der Baum des Muftis« verbirgt allerdings den Wald des panarabischen Nationalismus[157] –

155 Letztendlich kippt die Entjudaisierung ins Lächerliche um. Im Mai 2016 versichert die offizielle Facebookseite der Fatah, dass der Davidstern in Wirklichkeit ein ausschließlich muslimisches Symbol ist: »Hunderte von Jahren vor der Gründung des Staates Israel wurde der Daoudstern (Davidstern) in der islamischen Kunst in Palästina benutzt, aber auch in Andalusien, in Marokko. [...] Der Daoudstern ist mitnichten ein zionistisches Symbol.« Siehe http:///www.lemondejuif.info/2016/05/fatah-de-mahmoud-abbas-letoile-de-david-symbole-islamique/.

156 Nazmi Al-Jubeh in: Abdelwahab Meddeb und Benjamin Stora (Hg.), *Histoire des relations entre juifs et musulmans des origines à nos jours*, a.a.O., S. 117.

157 Von 1938 an wird Hitler in mehreren arabischen Zeitungen des Mittleren Orients mit Mohammed verglichen. Auch der persische Islam ist betroffen: Zu Beginn des Jahres 1941 berichtet Erwin Ettel, deutscher Botschafter in Teheran über Gerüchte, denen zufolge in der schiitischen Welt manche behaupten, dass Hitler der zwölfte Imam sei, der von Gott auf die Erde geschickt wurde. Ettel fährt fort: »So ist völlig ohne Zutun der Gesandtschaft eine mehr und mehr um sich greifende Propaganda entstanden, die in dem Führer und damit in Deutschland den Retter aus aller Not erblickt [...]. Ein Teheraner Bildverleger hat in seinem Verlage Bilder des Führers wie auch Alis, des ersten Imams, hergestellt [...]. Es bedeutet: Ali ist der erste, Adolf Hitler der letzte Imam« (zitiert von Martin Cüppers und Klaus-Michael Mallmann, *Halbmond und Hakenkreuz*, a.a.O., S. 42). Im Mai 1941 wurden in Bagdad Fotos von Hitler in den Schaufenstern ausgestellt, was auch schon 1938 in Dschenin in Palästina geschah. Bereits am 31. Mai 1933 hatte der Mufti von Jerusalem mit dem deutschen Konsul in Jerusalem, Heinrich Wolff, Kontakt aufgenommen, um ihm zu versichern, dass die Muslime »das neue Regime Deutschlands begrüßen« (ebd., S. 49). Im März 1937 notierte Doehle, Wolffs Nachfolger im deutschen Konsulat in Jerusalem, die »Sympathien, die Deutschland bei den Arabern hat [...] und die Bewunderung,

umso mehr, als die geläufige Erzählung versichert, dass er »von niemandem dazu ermächtigt wurde, im Namen der arabischen Völker zu sprechen«.[158] Auf der juristischen Ebene ist das zwar richtig, aber diese Formalie ist lächerlich, wenn man die Popularität des Mannes unter den arabischen Völkern kennt, wo seine Stimme erwartet und gehört wird. Die Geheimdienste des Jischuw (Nationale Heimstätte der Juden vor dem Staat Israel), die seine Ermordung geplant hatten, haben aus Angst vor Repressalien gegenüber der jüdischen Bevölkerung in der arabischen Welt gezögert, diesen Schritt zu unternehmen. Da er im einfachen Volk bekannt ist und überall gefeiert wird, auch wenn er keine formale Ermächtigung besitzt, sprach der Mufti im Namen der arabischen Völker.

Im selben Werk, *Histoire des relations entre juifs et musulmans des origines à nos jours* [Geschichte der Beziehungen zwischen Muslimen und Juden von den Anfängen bis heute], berichtet Elias Sanbar[159] in folgenden Worten über den Zionismus: »Die zeitliche Priorität als Quelle ausschließlicher Legitimität führt folglich zu einer Verschiebung, die sich unmerklich als radikal erweisen wird, aus dem *heiligen Land*, das einem auserwählten Volk versprochen wurde, wird Palästina selbst zu einem *auserwählten Land* werden. Es über-

welche unser Führer genießt.« »Wenn man sich bei einer bedrohlichen Haltung einer arabischen Volksmenge als Deutscher zu erkennen gab, war dies im allgemeinen schon ein Freibrief für ungehindertes Passieren«, erklärt er. »Wenn man sich aber durch den deutschen Gruß ›Heil Hitler‹ auswies, schlug die Haltung der Araber meist in Begeisterung um und der Deutsche kam zu Ovationen, bei denen die Araber den deutschen Gruß stürmisch erwiderten« (ebd., S. 51f.). Im Februar 1939 verkündete König Ibn Saud, der Herrscher Arabiens: »Alle Araber und Mohammedaner in den verschiedensten Gegenden der Welt hätten eine große Achtung für Deutschland, die noch gesteigert worden sei durch den Kampf, den Deutschland gegen das Judentum, den Erzfeind der Araber, führe« (ebd., S. 46). Am 10. März 1939 berichtete ein deutscher Hauptmann bei seiner Rückkehr aus Nordafrika: »In jedem Gespräch mit Arabern bekunden diese ihre Freude über den Antisemitismus« (ebd., S. 48).

158 Michel Abitbol, *Juifs et Arabes au XXe siècle*, a.a.O., S. 354.

159 Elias Sanbar, in: Abdelwahab Meddeb und Benjamin Stora (Hg.), *Histoire des relations entre juifs et musulmans des origines à nos jours*, a.a.O.

rascht nicht, dass im Anschluss daran folgende Parole erscheint: die *Erlösung der Erde*, ein Novum, das die Bewohner der Orte automatisch in die Quelle ihrer Befleckung verwandeln wird. [...] Hier findet das Vorspiel zur Vorstellung der zukünftigen Vertreibung der Araber statt, damit die Orte, und nicht mehr die Menschen, ihre ursprüngliche Reinheit wieder finden.«[160] Aber zu Beginn der jüdischen nationalen Bewegung hat kein Intellektueller jemals ein solches »Argument« vorgebracht. Die zionistische Argumentation nach Elias Sanbar ist völlig aus der Luft gegriffen. Übrigens genügen ein paar Worte, um die Geschichte zu verzerren, und hier geschieht das durch das Wort *Erlösung*, das absichtlich verwendet wird, um den Zionismus zu nazifizieren – umso mehr noch, wenn man ihm das Wort *Reinheit* anfügt, das seit dem Zweiten Weltkrieg Rassismus evoziert. Die Erlösung, die von der zionistischen Bewegung gepriesen wird, bedeutet in Wirklichkeit die körperliche und geistige Erlösung der durch die Diaspora verkümmerten Juden, d.h. der Juden, die durch die Unterwerfung und die Gewalt, die durch das Exil entstanden, gezeichnet waren. Der Diskurs des Zionismus hat sich gegen die Kolonialisierung des Judentums gebildet, und aus diesem Grund versteht er unter Erlösung die Aufhebung der Entfremdung des Judentums mehr noch als die Konstitution der Juden als politischer Subjekte. Und keine *völkische* Nostalgie.[161]

Palästina wird anschließend im selben Text von Elias Sanbar als »versprochener oder leerer Raum [beschrieben], der auf die Abreise seiner jahrhundertelangen Bewohner wartet«.[162] Tatsächlich hat

160 Ebd., S. 293.

161 Aufgrund des Bezugs zur Rassenideologie, die einen Teil der deutschen Kultur unter dem II. Reich (1871–1918) durchdringt. Sie ist durch den Willen der »Rückkehr« zu den »wahrhaften« pastoralen und ländlichen Wurzeln Deutschlands gekennzeichnet.

162 Elias Sanbar in: Abdelwahab Meddeb und Benjamin Stora (Hg.), *Histoire des relations entre juifs et musulmans des origines à nos jours*, a.a.O., S. 294.

sich die Geschichte des Zionismus vor Ort in den Jahren 1880–1920 (d. h. während der Ansiedelung jüdischer Einwanderer im heiligen Land ab 1882) durch Verluste und Gewinne vollzogen. Ebenso wie die Demografie Palästinas am Ende des 19. Jahrhunderts unbekannt ist (ungefähr 500 000 Einwohner).[163] Zu behaupten, dass der Zionismus die »Palästinenser« umtauft, um »Araber« aus ihnen zu machen, heißt, in einen erstaunlichen Anachronismus abzugleiten, da doch in den 1880er Jahren nur selten von »Palästina« die Rede ist. Das Wort wurde von den Römern nach der Zerstörung des Tempels mit der Absicht gebildet, jede Spur jüdischer Präsenz in Judäa auszulöschen. Es wäre auch ganz unverständlich, warum die Juden die Worte ihrer Unterdrücker verwenden sollten, um ihre Heimaterde zu bezeichnen.[164]

Die »Palästinafrage« verweist auch auf die psychische Ökonomie einer Welt, die Mühe damit hat, jegliche Form von Gleichheit mit den Juden zu begreifen, welche von einer Moderne gepriesen wird, die nur Subjekte mit gleichen Rechten und vernunftbegabte Bürger kennt. Waleed al-Husseini, ein junger Palästinenser, der nach Frankreich geflüchtet war (und zwar seinen eigenen Aussagen nach in offenem Bruch mit dem Islam), schrieb im Sommer 2016[165]: »Was die antijüdische Dimension im Islam angeht, so ist sie historisch und geistig, sie ist zu einem gesellschaftlichen *Habitus* geworden. Sie kommt also auch in Europa zum Ausdruck, wo

163 Die Unkenntnis der Demografie lässt uns vergessen, dass die bescheidenen Bevölkerungszahlen der damaligen Zeit eine politische Lösung erlaubten. Mit anderen Worten, das Fehlen des Ordnungswillens hat in die gegenwärtige Sackgasse geführt.

164 »Palästina« kommt von »Philister«, das seinerseits aus dem Wort Plechet hervorgegangen ist, ein Landstreifen, der zwischen Gaza und Aschkelon liegt. Die Philister führten Krieg gegen die Judäer. Nach der Niederlage der Juden im Jahr 135 benennen die Römer die Provinz in Palästina um, um sie von der jüdischen Sprache und vom jüdischen Volk abzutrennen. In der jüdischen Bibel hat das Land keinen festen Namen, er variiert von Judäa zu Kanaan und Israel. Während der Zeit der Mischna (von 200 v. Chr. bis 600 n. Chr.) trägt es den Namen Eretz Israel.

165 Waleed al-Husseini, *Une trahison française*, Ring, 2017.

die Muslime erneut mit den Juden zusammenleben müssen, aber dieses Mal als Staatsbürger mit vollem Recht wie sie selbst, was nicht der Fall war, als sie in den muslimischen Ländern bis zu deren Kolonialisierung lebten. Diese Gleichheit des Rechts und des Status zwischen Juden und Muslimen ist für sie nur schwer zu akzeptieren.«

Diese Lage, die ganz direkt den muslimischen Anordnungen der »dhimmitude« zuwiderläuft, legt Rechenschaft von der Verschlimmerung der antijüdischen Gewalt im 19. und 20. Jahrhundert ab. Die Kolonialisierung spielt darin ebenfalls ihre Rolle, insofern der Kolonialherr oft die Gemeinschaften gegeneinander aufzuwiegeln weiß. Aber auch aus anderen Gründen: denn die Kolonialisierung war, wenn auch gegen ihren eigenen Willen, Trägerin einer Modernisierung, d. h., wenn auch nur in geringem Maß, einer Verwestlichung der Mentalitäten und Verhaltensweisen. Eine Entwicklung, die mit der traditionellen Unterwerfung des jüdischen Menschen unvereinbar ist, deren buchstäbliches Ende das arabische Bewusstsein zutiefst beunruhigt.

In der irakischen Gesellschaft, die seit 1932 unabhängig ist, ruft beispielsweise die rechtliche Gleichheit, die von der Verfassung des neuen Staates gepriesen wird, eine antijüdische Feindseligkeit hervor, die vom *Numerus clausus* an den Schulen bis zum Handelsboykott und sogar bis zu offenen Gewalttaten gegen Ende der 1930er Jahre reicht. Es handelt sich nicht nur um Auswirkungen des Palästinakonflikts, sondern unmittelbarer noch um das Zerbrechen eines ehemaligen Gleichgewichts, das traditionellerweise die Beziehungen zwischen Juden und muslimischen Arabern beherrschte. Das jahrhundertealte Gleichgewicht des Unterdrückten, der in seiner Stellung zu bleiben weiß, wird durch eine moderne Verfassung zerbrochen, die den Juden wie allen anderen Staatsbürgern die Gleichheit zugesteht, was sich durch ihren Zugang zu allen gesellschaftlichen und kulturellen Bühnen ausdrückt, auf denen die einstige Bevormundung nicht mehr gilt. *Theoretisch.* Denn diese prinzipielle Gleichheit, die schon schwer zu akzeptieren ist, ist es noch umso mehr, wenn die gesellschaftliche Rivalität und der Groll eine wachsende Feindseligkeit schüren. Das ist es, was im Zentrum der so schwierigen Akzeptanz der Juden in den unabhängigen arabischen Nationen des 20. Jahrhunderts steht. In den meisten Fällen haben der Zionismus und der Palästinakonflikt wahrscheinlich nur die Spannungen beschleunigt oder waren gar nur ein Alibi, um nicht die Wahrheit über den gestürzten Herrn sagen zu müssen.[166]

Die Palästinafrage problematisiert auch die arabische Einwanderung nach Palästina von den Nachbarstaaten aus (Ostjordanien, Syrien, Libanon, Ägypten und sogar Irak), die von der Entwicklung der nationalen jüdischen Heimstätte angezogen wurde. Das zeigen die britischen Einwanderungsregister, die von Henry Laurens[167] für die Zeit von 1920–1947 untersucht wurden. Die Bevölkerung Palästinas steigt in der Zeit zwischen den Kriegen beträchtlich an, und zwar weniger durch die Einwanderung von Juden (die von 1933 bis 1937 unterstützt wurde) als vielmehr durch

166 Die schwierige Anerkennung des jüdischen Anteils an der arabischen Geschichte ruft die erstaunliche Auslassung der jüdischen Opfer in der Liste der Attentate, die vor kurzem in Frankreich begangen wurden, in Erinnerung. Das geht aus der Stellungnahme hervor, die von 41 muslimischen Persönlichkeiten Frankreichs im *Journal du dimanche* am 31. Juli 2016 unterzeichnet wurde. *Le Monde* spricht von einem »schädlichen Fehltritt«, von einer »offensichtlichen und ärgerlichen Auslassung« und erinnert an eine Aufstellung der Opfer, die die von Mehra ermordeten Juden in Toulouse im Jahr 2012 bis zum Großmarkt für koscheres Fleisch von Vincennes im Januar 2015 von Amts wegen vergisst. Auch wenn der persönliche Wert der meisten Unterzeichner nicht in Frage steht, offenbart diese Fehlhandlung die Macht des kulturellen Hintergrunds. Als Reaktion auf die Stellungnahme der 41 schrieb der Großrabbiner Frankreichs, Haïm Korsia, im August 2016: »Einzeln betrachtet, handelt es sich zwar um untadelige Menschen. Aber in dieser Sache wagen sie nicht, die Dinge so zu sagen, wie sie sind. Ihre Initiative ist zwar gut, aber warum haben sie nicht zehn Tage später den Text selbst geändert und sich stattdessen mit einer Richtigstellung begnügt?«

167 Henry Laurens, *La Question de Palestine*, Band II: *Une mission sacrée de civilisation*, Paris: Fayard, 2002.

eine starke Einwanderung von Arabern, die, weil sie einen wirtschaftlichen Hintergrund hat, sich in den Gebieten der jüdischen Besiedelung niederlässt.[168]

168 In dem betreffenden Werk kommt auch der marokkanische Historiker Mohammed Kenbib zu Wort, der Autor einer Dissertation über die jüdisch-muslimischen Beziehungen in Marokko (zwischen 1859 und 1948). Sein Ruf als Forscher wurde von mehreren Historikern in Zweifel gezogen. Sie stellten die »Manipulation« von Archiven fest, die sie selbst konsultiert hatten. Auf 750 Seiten neigt Mohammed Kenbib dazu, die Juden allein für die Leiden verantwortlich zu machen, die sie in Marokko ertrugen, und letztendlich auch für ihre Abreise. Aufgrund ihres häufig unehrlichen, betrügerischen, wucherischen, wenn nicht gar offen verräterischen Verhaltens bei der Ankunft der Franzosen im Jahr 1912 haben die Juden, so lautet seine Erklärung, die Freundschaft der marokkanischen Muslime verloren. Der Autor führt eine Vielzahl von Texten an, die der antisemitischen Literatur Europas der damaligen Zeit entnommen sind, als ob es darum ginge, seine Behauptungen zu stützen. Einer der besten Orientalisten Frankreichs, Paul B. Fenton, Professor an der Sorbonne (Universität Paris-Sorbonne) erinnert an den militärischen Zwischenfall vom 12. Januar 1908, den Einfall einer französischen Kolonne, die aus Casablanca ausrückte, um einen Stamm zu unterwerfen, der sein Lager in der Umgebung von Settat aufgeschlagen hatte. Am 15. Januar 1908 rückt die französische Infanterie in das mit Ausnahme der Juden verlassene Settat ein. Aber »beim Abzug der Franzosen haben sich die Araber auf die *Mellah* gestürzt mit dem Ziel, sie zu vernichten, weil sie den französischen Truppen zugejubelt hätten. Etwa vierzig Israeliten wurden getötet« (Bericht der Alliance Israélite Universelle). In seinem Werk *Le Pogrom de Fez ou le Tritel* 1912 (zweisprachige, französisch-hebräische Ausgabe, Yad ben Zvi, 2012) schreibt Paul Fenton (S. 26): »Als die französische Armee zwei Wochen später wieder durch diese Stadt kam, fand sie in einem Gebäude ihre unglücklichen Witwen und Waisen, ›bis zum Tod misshandelt und ausgehungert‹, die sie anflehten, sie nach Casablanca zu bringen.« Der französische Gelehrte schreibt über diesen Zwischenfall, dass er von Mohammed Kenbib in *Juifs et musulmans au Maroc*, Rabat, Universität Mohammed V., 1994, S. 327, auf irreführende Weise entstellt wurde. Im selben Werk schreibt Fenton mit Bezug auf die französische Bombardierung von 1912: »Dagegen ist die Erklärung, dass die *Mellah* im Wesentlichen durch die Bombardierung der Franzosen zerstört wurde, wie der Historiker Mohammed Kenbib meint, eine Entstellung der Wahrheit, die darauf abzielt, die Hauptschuld auf die Franzosen abzuwälzen und den unleugbaren Anteil der marokkanischen Muslime an der Zerstörung zu verschleiern. Kenbib behauptet sogar, dass es die französischen Melinitgranaten waren, die die Brände hervorriefen, welche ›ganze Häuserreihen‹ zerstörten« (A.a.O., S. 92).

Kapitel 7

Die arabische Welt und die Verfolgung der Juden unter Nazideutschland und der Vichy-Regierung

Die arabische Welt, sagt man uns, sei eine »Aufnahmestätte« für die von Nazideutschland verfolgten Juden gewesen. Dennoch stießen die jüdischen Flüchtlinge fast überall auf feindliche Reaktionen trotz einiger glücklicher Ausnahmen wie jener des maronitischen Patriarchen des Libanon, der sich am 20. Mai 1933 mit folgenden Worten an den Direktor der Schule der Alliance Israélite Universelle in Beirut wandte: »Wir kennen die großzügige Tatkraft der Alliance Israélite gegenüber den libanesischen Christen im Jahr 1860. Lebhaft gerührt von ihrem Unglück, hat sie sich beeilt, Anteil an ihrem Leiden zu nehmen und ihr neben Hilfeleistungen Bezeugungen des Mitgefühls und der Selbstlosigkeit zukommen zu lassen, im Hinblick auf welche die Christen, und vor allem die Maroniten, ein geschärftes Bewusstsein haben. Da wir gegenwärtig erfahren, dass die Israeliten Deutschlands Gegenstand von Schikanen aller Art sind, genötigt werden, ihre Ämter, ihre Stellen, ihre Laufbahnen, ihre Gewerbe aufzugeben und dadurch zur Ausbürgerung und zum

Elend gezwungen werden, ist es uns wichtig, bei dieser Gelegenheit den Leidgeprüften und dem ganzen israelitischen Volk unsere Gefühle des Bedauerns, der Sympathie und des herzlichen Mitgefühls bei diesen Verfolgungen auszudrücken, die im Gegensatz zu den humanitären Prinzipien und zum Geist des Evangeliums stehen. Wir sind bereit, unsere Unterstützung zur Erleichterung ihres Leidens zu geben, indem wir zu Gott beten, ihre harte Prüfung zu mildern.«

Diese Erklärung zieht eine Protestwelle nach sich, insbesondere unter den muslimischen Gemeinden des Landes. Die Tageszeitung *Ahwal* titelt am 14. Juni 1933: »Steht die Einstellung des Patriarchen im Einklang mit der des Papstes?« Die Zeitung gibt sich erstaunt gegenüber der Position des Patriarchen, die im Gegensatz zu der des Papstes steht, der, wie sie versichert, zu den Ereignissen in Deutschland geschwiegen hat. Andere Zeitungen zeigen sich ungestümer, so zum Beispiel *Ababil*, die schreibt: »Die Einstellung des Patriarchen ist völlig überraschend. Er zeigt sich der Einwanderung der Juden günstig gesonnen, als ob dieses Land ihm gehörte oder als ob es hier nur Maroniten gäbe. Er erlaubt sich, Befugnisse zu erteilen und im Namen des ganzen Landes zu sprechen. Wenn er die Juden wirklich so liebt, dann soll er sie bei sich in seinem Palast aufnehmen. Was den Libanon betrifft, so war er nie sein Eigentum. Es gibt andere Gemeinschaften als die maronitische; mit welchem Recht kann der Patriarch seine Autorität aufzwingen? Der Patriarch ist bei sich Oberhaupt. Er ist nicht das Oberhaupt Syriens und des Libanon.«[169]

Nach dem Krieg hat sich diese mehrheitlich feindselige Haltung trotz der jüdischen Tragödie in Europa nicht verändert. Im Jahr 1945 spricht die Zeitung *Al Diffa* (8. April 1945) in einer »zweiwöchent-

169 CADN, Syrien-Libanon, 1870/2 Mi. 335.

lichen Rundschau der Auslandspresse in arabischer Sprache«, die die Botschaften Frankreichs regelmäßig an den Quai d'Orsay richten, mit folgenden Worten von der jüdischen Einwanderung: »Die Zionisten haben gerade Schritte bei der Londoner Regierung unternommen, um das Kontingent der jüdischen Einwanderer in Palästina zu erhöhen, indem sie an die Situation der Juden in Europa erinnern, als ob Europa nur von Juden bewohnt wäre und als ob es in Europa nur Juden gäbe, die unglücklich sind. [...] Folglich dürfte man nach den Bestimmungen des Weißbuches nicht mehr von Einwanderung sprechen. Aber die Juden sind zäh und lassen sich nicht entmutigen, sie unternehmen einen Schritt nach dem anderen [...]. Aber wir sollten sicher sein, dass sie es viel eher, als man meint, noch einmal versuchen werden, und vielleicht werden sie am Ende Recht bekommen.«[170]

Im Maghreb wird manchmal behauptet, dass die muslimische Bevölkerung über die antijüdischen Maßnahmen, die von der Vichy-Regierung erlassen wurden, nicht erfreut gewesen sei oder gar ihre Solidarität mit den Verfolgten gezeigt habe.[171] Doch der großen Mehrheit der Historiker jener Zeit zufolge sei die muslimische Bevölkerung bestenfalls gleichgültig geblieben. »In mehreren Städten Marokkos«, bemerkt der amerikanische Historiker Norman Stillman, »verhängten die Paschas selbst diskriminierende Maßnahmen, die die herkömmlichen Einschränkungen, welche den Dhimmi auferlegt waren, mit denen der Vichy-Regierung verbanden. In mehr als einhundert Internierungs- und Arbeitslagern, die über ganz Nordafrika verstreut waren, gab es zahlreiche einheimische Wächter, die ganz genauso oder noch grimmiger waren als jeder beliebige europäische Antisemit. Ein britischer Bericht über die Bedingungen, die im Disziplinarlager von Ain Al-Ourak in der

170 CADN, 1870/2 Mi. 335.

171 Zu Algerien siehe *RHS*, Oktober 2016, Nr. 205.

Nähe von Bou Arfa im Südosten Marokkos herrschten, stellt fest, dass die arabischen Wächter die Rolle von Folterknechten spielten. Ähnliche Berichte wurden in der Folge über solche Lager wie das von Colomb-Béchar im Südosten Algeriens und von Djelfa im Zentrum des Landes verfasst.«[172] »Die algerische Bevölkerung begrüßte mit offensichtlichem Vergnügen die Verkündung der Abschaffung des Crémieux-Erlasses«, schreibt der französische Historiker Yves Aouate und fügt hinzu: »[...] Im Oktober-November 1940 war die allgemeine Reaktion der muslimischen Bevölkerung gegenüber den ersten antijüdischen Gesetzen und vor allem der Abschaffung des Crémieux-Erlasses positiv...«[173] Das Bild einer arabisch-jüdischen Solidarität gegenüber der Vichy-Regierung verblasst. In Aumale »beklagen sich muslimische Oberhäupter [seit Oktober 1940] darüber, dass die Juden noch Gewerbescheine für ›europäische‹ Cafés behalten konnten, wohingegen die Muslime sich mit ›maurischen‹ Cafés [d.h. ohne Genehmigung für alkoholische Getränke] begnügen mussten, und brachten auch den Wunsch zum Ausdruck, dass die Rechtsprechung der repressiven Gerichte und der Code de l'indigénat, dem die einheimischen Muslime unterlagen, auf die Juden ausgedehnt werde.« Häufig wird der Brief zitiert, der am 29. November 1942 vom algerischen Rechtsanwalt Ahmed Boumendjel (mitunterzeichnet von Scheich El Oqbi, Anhänger der »jüdisch-muslimischen Bruderschaft«) an die Leiter der jüdischen Gemeinschaft Algeriens, insbesondere an den Arzt Georges Loufrani (Aktivist der jüdisch-muslimischen Verständigung), gerichtet wurde, und zwar als Antwort auf einen Antrag der jüdischen Oberhäupter. Darin erklärt er, warum die Seinen keinen Grund zur

172 In einer Studie, die im Oktober 2016 in der *Revue d'histoire de la Shoah*, Nr. 205 erschien, »Les Juifs du Maghreb confrontés à la Shoah: synthèse historique«.

173 Yves Aouate, »Les Algériens musulmans et les mesures antijuives du gouvernement de Vichy (1940–1942)« und »Les juifs de France dans la Seconde Guerre mondiale«, *Pardès*, 1992, Nr. 16, S. 189–202, zitierte Passage auf S. 190.

Freude über die antisemitischen Maßnahmen haben, die von der französischen Regierung in Algerien ergriffen wurden. Aber seine Stellungnahme bleibt die eines Würdenträgers. Sie ist kaum repräsentativ für die Meinung des Volkes. Außerdem, da sie erst drei Wochen *nach* der Landung der Alliierten verfasst wurde, hätte sie wahrscheinlich mehr Bedeutung gehabt, wenn sie unmittelbar nach der Abschaffung des Crémieux-Erlasses (Oktober 1940) oder unmittelbar nach dem zweiten Juden-Statut (Juni 1941) an die Leiter der Juden gerichtet worden wäre.[174] In jener Zeit hatten die muslimischen Eliten Stillschweigen bewahrt, als gleichzeitig die deutsche Propaganda durch Vermittlung von Radio Zeesen (Berlin) der arabischen und türkischen Welt täglich einen zwanghaften Judenhass einhämmerte.

In Wirklichkeit hat sich ein Teil der muslimischen Volksschichten über die Verfolgung der Juden gefreut, aus der sie (vergeblich) einen materiellen Profit herauszuschlagen hofften. Das bezeugt folgende Note des französischen Protektorats in Tunesien (mit dem Vermerk: *Vertraulich*). »Protektorat Tunesiens, am 21. Oktober 1940«: »Die Veröffentlichung des Erlasses über den Statut der Juden hat in einheimischen Kreisen eine gewisse Zufriedenheit hervorgerufen. Man spricht von Einheimischen, die Rahmen gekauft hätten, um darin den Text des Erlasses einzufassen und bei sich aufzuhängen. Andere empfehlen, aus dem 19. Oktober, dem Erscheinungstag des Erlasses, einen Feiertag zu machen.« »Die Israeliten«, fügt der Bericht hinzu, »würden versuchen, auf die Umgebung des Bey Druck auszuüben, damit der Bey in dieser Sache keine Gesetze erlässt«, und dass man »jedenfalls feststellen könne, dass die Juden

174 Außerdem bemerkt die französische Verwaltung in einem ihrer Berichte am 22. Dezember 1942, dass Boumendjel der Ansicht ist, dass der Versuch der Annäherung, der von den »Israeliten [eingeleitet wurde] kein anderes Ziel hatte, als die Einheimischen auszuschalten, um den Juden zu ermöglichen, ohne Gegnerschaft seitens der Muslime zu ihrem Recht zu kommen«, E. Debono, *Revue d'histoire de la Shoah*, Oktober 2016, Nr. 205, a.a.O.

versuchen, sich der Masse der Einheimischen anzunähern.« Schließlich stellte der Verfasser fest: »Andererseits wird berichtet, dass die Juden bei der Vorüberfahrt des Wagens des Bey, der ihn am letzten Samstag nach der *Khetem*-Feier zum Bahnhof brachte, ihre Verehrung lebhaft durch Beifallklatschen und ungewohnte Hochrufe zum Ausdruck brachten.«[175]

Am 22. Oktober 1940 wendet sich der Präfekt von Tunis an den Generalresidenten Frankreichs, Admiral Esteva: »Ich habe die Ehre, Sie davon in Kenntnis zu setzen, dass die französische, muslimische und italienische Bevölkerung der Regentschaft die Veröffentlichung des Statuts der französischen Juden mit großer Befriedigung aufgenommen haben. [...] Zweifellos wurde das Juden-Statut in der muslimischen Bevölkerung mit größtem Gefallen begrüßt. Diese Maßnahme fügt nämlich der natürlichen traditionellen Neigung der Einheimischen zum Antisemitismus eine offizielle Genugtuung hinzu. [...] Die Muslime [...] wünschen sich brennend, dass so bald wie möglich ein Erlass des Bey ergehe, um die Lage der tunesischen Juden festzuschreiben, und äußern den Wunsch, dass der Gesetzgeber des Protektorats sich nicht auf die Wiederholung des französischen Textes beschränkt. Sie sind nämlich der Ansicht, dass vor allem im Bereich der Wirtschaft und des Bankwesens und in der Ausübung freier Berufe (Anwaltschaft, Ärzteschaft) der Tätigkeit der Israeliten in der Regentschaft eine nutzbringende Begrenzung auferlegt werden soll.«[176]

Zwei Jahre zuvor kommentierte ein Kommissar des regionalen französischen Sicherheitsdienstes, der in Marokko in Stellung war, die Rassengesetze, die gerade in Italien erlassen worden waren, mit folgenden Worten: »Es ist gewiss, dass die von der Presse veröffent-

175 CADN, Tunesien, diplomatische Abteilung, Aktenzeichen 669, Akte 3. Drei Wochen nach Inkrafttreten des ersten Judenstatuts und der Abschaffung des Crémieux-Erlasses.

176 CADN, 1870/2 Mi 424.

lichten Nachrichten [d. h. die rassistischen Maßnahmen, die in Italien ergriffen wurden] in allen Kreisen der Einheimischen gelesen und kommentiert werden. Diese begrüßen sie mit Genugtuung, und zahlreich sind diejenigen in nationalistischen Kreisen, die sogar davon sprechen, die Juden dazu zu zwingen, ihre Kleider von früher wieder anzuziehen, und insbesondere das Käppchen. Weiter erzählt man, dass der ehemalige Sultan Abdelaziz bei seiner Rückkehr aus Italien in der spanischen Zone als Sultan eingesetzt werden wird.«[177]

Trotz dieser übereinstimmenden Quellen schreibt der marokkanische Historiker Mohammed Kenbib: »Man sollte sich auch daran erinnern, dass die antijüdischen Maßnahmen sich unter der muslimischen Bevölkerung als sehr unpopulär erwiesen.«[178] Und die »Verehrung« der marokkanischen Juden gegenüber dem Sultan erwähnen, eine »legitime« Verehrung, so Kenbib, für einen Souverän, der ihnen erlaubt hat, der Abschaffung des Crémieux-Erlasses (in Algerien) und der deutschen Besatzung (in Tunesien) zu entkommen. Im Übrigen gab es in Marokko nie einen Crémieux-Erlass. Und die Deutschen haben nie den Boden des marokkanischen Königreichs betreten.

In schwieriger Lage hat die jüdische Gemeinschaft nämlich versucht, sich den Muslimen anzunähern, wie die Berichte bestätigen, die von einer »dumpfen Angst« in deren Reihen sprechen. Am 22. Oktober 1940[179] erzählt ein Bericht (mit dem Vermerk *Streng vertraulich*), der aus Tunesien gekommen war: »Fortsetzung des Berichts Nummer 260 vom 21. Oktober 1940. Es wird bestätigt, dass die Israeliten eine wirkliche Annäherung an die Tunesier mit dem

177 CADN, diplomatische Abteilung, Aktenzeichen 669, Akte 3, »Judenfragen«.

178 Abdelwahab Meddeb und Benjamin Stora (Hg.), *Histoire des relations entre juifs et musulmans des origines à nos jours*, a.a.O., S. 364.

179 CADN, 1870/2 Mi. 424.

Ziel suchen, den Sonderstatus, dessen unablässiges Erscheinen sie erwarten und den sie als ›Verfolgung‹ bezeichnen, zu vermeiden oder zumindest mildern zu lassen.«. Der Berichterstatter fügt hinzu: »Man hat bemerkt, dass die alten jüdischen Familien von Tunis, die Bessis, die Khayat, die Cohen und ein paar andere sich bemühen, das Wohlwollen von Darghout, dem Leiter der Innendienste des Palastes, dessen Einfluss auf seine Hoheit bekannt ist, auf sich zu ziehen, indem sie ihre Freigebigkeit vergrößern.« Die tunesischen Juden versuchen, sich mit den Muslimen zu versöhnen, um ihnen zu zeigen, dass sie zur selben einheimischen Familie gehören, erklärt der Berichterstatter, und dass der gemeinsame Feind folglich »der Franzose« sei. Am selben Tag, dem 22. Oktober 1940, zeugt ein zweiter Bericht, der vom Präfekten von Tunis an den Generalresidenten Frankreichs anlässlich einer Wohltätigkeitsfeier gerichtet ist, von »Freundlichkeitskundgebungen« der jüdischen Gemeinschaft von Tunesien gegenüber den Muslimen: »Diese ungewohnte Großzügigkeit der Israeliten wurde von den Muslimen stark kommentiert. Letztere haben sie im Allgemeinen als Anbiederung im Hinblick darauf gedeutet, ihr Vertrauen zu gewinnen.«[180]

Obwohl es selten vorkam, gab es doch aufrichtige Bekundungen jüdisch-muslimischer Freundschaft, auch wenn im Hinblick auf die Initiative dieses Dialogs der Anteil, den die Muslime daran hatten, oft äußerst gering war. Die Archive der LICA[181] in Nordafrika zeigen nämlich, dass in den drei Ländern des Maghreb die überwältigende Mehrheit der Anhänger Juden oder Franzosen oder europäischer Abstammung waren. Muslime waren zwar auch dabei, aber in verschwindend geringer Zahl. Die Überrepräsentation der Juden erscheint in den Dialogsversuchen ganz auffällig. In Tunesien und

180 Ebd.

181 Internationale Liga gegen den Antisemitismus. Die Organisation wurde 1928 in Paris von Bernard Lecache gegründet. Siehe Emannuel Debono, *Aux origines de l'antiracisme. La Ligue internationale contre l'antisemitisme (LICA), 1927-1940*, Paris: CNRS Éditions, 2012.

Marokko setzt sich eine Minderheit von Juden für den Kampf um die Unabhängigkeit ein. Im Juni 1920 nehmen in Tunesien ein paar Juden an den Vorbereitungstreffen teil, die in die Entstehung des Destur (»Verfassung« auf Arabisch) münden, der ersten Unabhängigkeitsbewegung in Tunesien.[182] Am »Ende desselben Jahres 1920«, schreibt der tunesische Historiker Habib Kazdagli, »entsteht in Tunis die jüdisch-muslimische Union [...]. Ein Presseorgan, *La Tunisie nouvelle* [Das neue Tunesien], macht sich daran, ihre Werte und Prinzipien über dreizehn Ausgaben hinweg zu verteidigen, die von Oktober 1920 bis März 1921 veröffentlicht wurden.«[183] Aber hier wie anderswo bleibt die muslimische Präsenz marginal, ebenso marginal wie die jüdische Präsenz in den arabischen nationalistischen Bewegungen. Wenn sich die beiden Gemeinschaften verbrüdern, dann immer nur am Rand. Von hier aus wird das letztendliche Scheitern verständlich, das durch den Exodus nahezu der gesamten Juden der arabischen Welt gekennzeichnet ist, einschließlich jener, die sich für die Unabhängigkeit eingesetzt hatten.

182 Siehe Habib Kazdhagli in: Abdelwahab Meddeb und Benjamin Stora (Hg.), *Histoire des relations entre juifs et musulmans des origines à nos jours*, a.a.O., S. 318.

183 Ebd. S. 319.

Kapitel 8

Die Pariser Große Moschee unter der Besatzung

In den letzten Jahren sind mehrere Filme und Schriften der »Rettung der Juden« durch die Pariser Große Moschee gewidmet worden. Im Namen dieser Tapferkeitsakte würden die Große Moschee und ihr damaliger Rektor, so wird manchmal versichert, die »Medaille der Gerechten« verdienen, die von Yad Vashem verliehen wird. Nun hat aber bis zum heutigen Tag kein Historiker die Grundlage für diese Behauptung feststellen können. Übrigens auch nicht einmal die Moschee von Paris oder ihr Rektor der Nachkriegszeit, der von der Sache nichts verlauten ließ.

Um den Verfolgungen im besetzten Paris zu entkommen, versuchten Juden, die aus dem Maghreb oder dem Nahen Osten stammten, als Muslime durchzugehen. Und wenn sie es konnten, stellten sie ihre Kenntnis der arabischen Sprache (und manche auch die des Korans) in den Vordergrund, indem sie die muslimischen Kultstätten wie einen Zufluchtsort benutzten. Das war tatsächlich in der Pariser Großen Moschee der Fall, deren Rektor, der Algerier Si Kaddour Ben Ghabrit (1868–1954, Rektor der Pariser Moschee seit ihrer Gründung im Jahr 1926 bis zu seinem Tod 1954), entscheiden musste, ob die Tore geöffnet oder geschlossen werden sollten.

Im Kontext angespannter Beziehungen zwischen Juden und muslimischen Arabern in Frankreich in den 2000er Jahren wurde die Episode der Pariser Moschee kürzlich wieder hervorgehoben, und zwar insbesondere durch den Text eines französischen Regisseurs algerisch-muslimischer Abstammung, Derri Berkani[184], der 2004 veröffentlicht wurde, aber auch durch den Film von Ismael Ferroukhi *Les Hommes libres* (2011). Sie geben uns zu verstehen, dass mehr als 1700 Personen auf der Suche nach einem sicheren Ort in der Moschee Zuflucht gefunden hätten, zumindest für einige Tage. Der Rektor der Moschee, Si Kaddour Ben Ghabrit, hätte sich dem amerikanischen Gelehrten Ethan Katz zufolge, dem Autor einer gründlichen Untersuchung dieser Akte, wie »eine Art von muslimischem Oskar Schindler[185]« verhalten.

Mehrere französische antirassistische Organisationen haben versucht, auf diese Erzählung hinzuweisen, um »die Verständigung zwischen Juden und Muslimen zu fördern«, schreibt Katz. Doch die jüdischen Institutionen Frankreichs haben das Ersuchen einer ausdrücklichen Anerkennung einer Rettungsaktion der Juden durch die Pariser Moschee nie weiterverfolgt. Und ein Antrag auf Unterstützung des Films *Les Hommes libres*, der an die Stiftung für das Gedenken an die Shoah gerichtet wurde, ist abgelehnt worden. Zu diesem Thema befragt, gibt sich Serge Klarsfeld skeptisch im Hinblick auf die Anzahl der Juden, die angeblich gerettet wurden, und stellt klar, dass »er unter den 2500 Mitgliedern seiner Vereinigung nie davon sprechen gehört hat«, obwohl er zugleich anerkennt, dass die Möglichkeit bestand, dass die Moschee einigen Juden zu Hilfe

184 Derri Berkani hatte bereits 1991 einen Film für France 3 im Nachrichtenjournal *Racines* gedreht mit dem Titel *Une résistance oubliée: La Mosquée de Paris.*

185 Ethan Katz, »La Mosquée de Paris a-t-elle sauvé les Juifs? Une énigme, sa mémoire, son histoire«, *Diasporas*, 2013, Nr. 21, S. 128–155 (übersetzt von Anny Bloch-Raymond); Originaltext: »Did the Paris mosque save Jews? A mystery and its memory«, *Jewish Quarterly Review*, Frühjahr 2012, Bd. 102, Nr. 2, S. 256–287.

gekommen sei. Übrigens, fügt er hinzu, hatte er selbst als Kind während der Besatzung von falschen Papieren profitiert, die angaben, dass er Muslim war.

Im selben Geist hat der französische Journalist des *Figaro*, Mohammed Aïssaoui, versucht, Beweise für diese Episode zu finden.[186] Jedenfalls scheinen sie nur schwer zu beschaffen zu sein, denn während des Krieges, schreibt noch einmal Ethan Katz, handelten der Rektor und die Moschee abwechselnd als »Agenten des Widerstands, des Interessensausgleichs und der Kollaboration. Diese Kategorien liefern eine nuancenreiche Alternative zu der verführerischen, aber unvollständigen Erzählung einer Moschee, die ganz einfach heldenhaft war, indem sie ein neues Licht auf die verwickeltere Wirklichkeit werfen, die die Archive nicht sichtbar machen.«[187]

Dieser Wille, Ereignisse hervorzuheben, die von den Quellen nicht angegeben werden, zeugt in erster Linie davon, dass das Gedenken an die Shoah – weil sie heute einhellig anerkannt und im Gedächtnis verankert ist – in Frankreich zu dem geworden zu sein scheint, was Pierre Nora als einen »Ort der Erinnerung« bezeichnet und was folglich auch ein Mittel für die Integration der Nation ist. Und wie lässt sich die Integration besser vollziehen, wenn nicht dadurch, dass man zeigt, dass die Muslime ebenfalls einen »wesentlichen Teil des ›wahren Frankreichs'[188]« gebildet haben? Dieser Wille zeugt auch von den angespannten Beziehungen zwischen den »Gemeinschaften« nach den Angriffen auf Juden durch junge Muslime in den 2000er Jahren. Schließlich zeugt er von der Reaktivierung des alten Mythos der »interreligiösen

186 Zu diesem Thema siehe das Buch von Mohammed Aïssaoui, *L'Étoile jaune et le Croissant*, Paris: Seuil, 2008.

187 Ebd.

188 Ebd.

Utopie«[189], ein Mythos, der von zahlreichen deutschen jüdischen Intellektuellen im 19. Jahrhundert entwickelt wurde, wie wir weiter oben gezeigt haben, und der aus dem Leben der Juden im muslimischen Spanien (*Al Andalus*) ein Vorbild für ihre eigenen Integrationsbemühungen gemacht hat.

Arabische ebenso wie jüdische Intellektuelle Frankreichs haben diesen Bezug auf eine idyllische Vergangenheit der friedlichen Koexistenz zur Verteidigung der These eines ehemaligen Zusammenlebens benutzt. Das Verlangen, um jeden Preis »Beweise« für Beziehungen zu finden, die brüderlicher gewesen sein sollen, als es den Anschein hat, die jedoch leider unter der Wirkung schlechter Einflüsse Europas in die Brüche gegangen waren, führt manchmal dazu, die historischen Irrtümer zu vermehren. Das zeigt unter vielen anderen folgender Artikel des *Nouvel Observateur:*[190] »Ursprünglich hat der Islam mehr Schwierigkeiten mit den Heiden als mit den Juden, mit denen er sehr ähnliche Überzeugungen teilt.« Das Problem besteht darin, dass der Koran genau das Gegenteil in Sure V (mit dem Titel »Der gedeckte Tisch«) Vers 82 sagt: »Du wirst ganz gewiss finden, daß diejenigen Menschen, die den Gläubigen am heftigsten Feindschaft zeigen, die Juden und diejenigen sind, die (Allah etwas) beigesellen. Und du wirst ganz gewiss finden, daß diejenigen, die den Gläubigen in Freundschaft am nächsten stehen, die sind, die sagen: ›Wir sind Christen.‹ Dies, weil es unter ihnen Priester und Mönche gibt und weil sie sich nicht hochmütig verhalten.«[191]

189 Mark Cohen, *Sous le Croissant et sous la Croix. Les Juifs au Moyen Âge*, Paris: Seuil, 2008; dt.: *Unter Kreuz und Halbmond*, gekürzte Ausgabe, übers. v. Ch. Wiese, München: Beck, 2005.

190 »Juifs et musulmans, frères ennemis?«. Mit der Überschrift: »Le mythe de l'inimitié originelle« [Der Mythos der Urfeindschaft], *Le Nouvel Observateur*, 5. Juli 2012, Nr. 2487.

191 *Der Koran*, aus dem Arabischen neu übertragen und erläutert v. H. Bobzin, unter Mitarbeit von K. Bobzin, München: Beck, 2017. Transkription in lateinische Buchstaben: »*La Tajidanna asadda-n-nasi adawatan-li-l-ladina asraku wa la-tajidanna aqrabahummawaddatan l-l-ladina amanu-l-ladina qalu inna nasara dalika bi-anna minhum qissisina wa ruhbanan wa annahum la yastakbirun.*« Die Wochenzeitung fährt fort: »Im Koran, der den Nachfahren von Moses, die auch ›Söhne Gottes‹ genannt werden, die Eigenschaft des ›auserwählten Volkes‹ zuerkennt, findet

Während der 2000er Jahre kämpfen die jüdischen Vereinigungen dafür, dass Berkanis Film gezeigt wird. Zu diesem Anlass veröffentlicht beispielsweise das *Bulletin de l'Association des enfants cachés* ein Foto aus den 1940er Jahren, das ein jüdisches und ein muslimisches Kind aus dem Jemen Hand in Hand darstellt.[192] Im selben Geist erklärt die Präsidentin der Vereinigung Bâtisseuses de Paix [Erbauerinnen des Friedens], Annick-Paule Dercansky, dass ihre Organisation »zum Ziel habe, die Geschichte der Moschee kennen zu lernen, um der gegenwärtigen Generation von Juden und Muslimen Frankreichs«, so Dercansky, »positive Momente der Geschichte zu zeigen, in denen die jüdischen und arabischen Gemeinschaften, Juden und Muslime, friedlich zusammenlebten«.[193] Eine Behauptung, die sich ganz auf der Linie der ideologischen Rekonstruktionen der Geschichte befindet oder gar, im vorliegenden Fall, einer Fortsetzung der Instrumentalisierung dieser Vergangenheit durch die Juden europäischer Abstammung.

Die Episode der Pariser Moschee hebt außerdem die Prägnanz der Polemiken über die Frage der Juden auf arabischem Boden hervor. Jenseits des schwarzen Bildes des »ununterbrochenen Leids« und des beschönigten Bildes der »Stätten der Toleranz« gedeihen die Mythologien unter Missachtung der historischen Quellen,

man jedoch keine Anspielung auf diese Konflikte [zwischen Mohammed und den jüdischen Stämmen].« Das stimmt zwar, aber der Autor des Aufsatzes vergisst daran zu erinnern, dass den gesamten Koran hindurch den Juden gegenüber der Vorwurf gemacht wird, das göttliche Versprechen nicht geachtet, die göttlichen Gebote verletzt zu haben. Daher werden sie verflucht und angeklagt, »Gesetzesbrecher« zu sein und dazu verurteilt, in Affen verwandelt zu werden, wie zweimal erwähnt wird: Sure II, Die Kuh (*Al-Baqara*), Vers 65: »Und ihr kennt doch diejenigen von euch, die den Sabbat übertraten. Da sagten wir zu ihnen: ›Werdet verstoßene Affen!‹« Und Sure VII (*Al-a-raf*), Vers 166: »Als sie dann das missachteten, was ihnen verboten war, sagten wir zu ihnen: ›Werdet verstoßene Affen.‹« Dieser Fluch aus dem Koran wird regelmäßig von den Islamisten wiederholt, deren Reden durch Vergleiche der Juden mit Affen ausgeschmückt sind.

192 Brief an das *Bulletin de l'Association des enfants cachés*, März 2006, Nr. 53, S. 301.

193 Zitiert in der algerischen Zeitung *El Watan* vom 11. April 2005, in einem Artikel mit dem Titel: »Hunderte Juden vor der Vernichtung durch die Nazis gerettet«.

wobei Ereignisse und Epochen vermischt werden und Verwirrung gestiftet wird.[194]

Schließlich kommt es auch vor, dass der Wille, zu zeigen, dass Juden und Muslime ein gemeinsames Schicksal geteilt haben, in einem offensichtlichen Widersinn endet. So bezeichnete der Begriff *musulman* [Muslim] (Muselmann auf Deutsch) im Vokabular der Konzentrationslager einen Gefangenen, der am Ende seiner Kräfte war. Manchmal wurde das als Beweis für eine »Schicksalsgemeinschaft« der Juden und Muslime unter den Schlägen des Nazi-Rassismus gedeutet. Wohingegen für die Gesamtheit der Historiker die Verwendung dieses Wortes in diesem speziellen Zusammenhang weder mit dem Islam noch mit Muslimen zu tun hat.

Das Bild der Großen Moschee von Paris als Ort der Rettung der Juden hat auch den Zweck, ein Gegengewicht zu dem Bild des Großmuftis von Jerusalem, Hadj Amin al-Husseini, zu präsentieren, dessen Kollaboration mit den Nazis bei den meisten Historikern als erwiesen gilt. Aber diese Wirklichkeit bleibt immer noch schwer einzugestehen, wie die Reaktion eines der besten Förderer des jüdisch-muslimischen Dialogs in Frankreich, des Imams von Drancy, Hassen Chalgoumi, zeigt. Mit Bezug auf den berühmten Händedruck zwischen Husseini und Hitler vom 28. November 1941 erklärt Hassen Chalgoumi: »Ich bin sicher, dass, wenn der Großmufti von Jerusalem sich vorgestellt hätte, was Hitler im Begriff zu tun war, er nicht seine Hand, die Hand, die sich am Koran festhielt, um sein Volk zu befreien, in die Hand gelegt hätte, die Millionen Leben niedermähte, um ein Volk zu begraben, das im Koran häufig erwähnt wird. Wenn der Mufti von Jerusalem das

194 Wie beispielsweise die Gleichsetzung der Shoah und des Leidens der Palästinenser (Shoah/Nakba) oder zwischen der Shoah und der Geburt des Staats Israel etc. Das polemische Interesse geht manchmal so weit, dass aus dem Zionismus eine »Fortsetzung« des Nazismus gemacht wird.

gewusst hätte, wäre er wie der Imam der Großen Moschee von Paris gewesen.«[195]

Nun? Die Pariser Große Moschee hat wahrscheinlich vor allem englische Fallschirmjäger aufgenommen, aber auch jüdische Kinder, die nach den ersten Massenverhaftungen von 1942 dort zeitweise Unterschlupf fanden (neben einer geringeren Anzahl von Freimaurern und Widerstandskämpfern). Sie blieben dort einige Nächte, bemerkt Ethan Katz, für den es »sich als schwieriger erweist, die Beteiligung der Moschee an der Rettung von 1700 Personen zu bestätigen« sowie die Art des Widerstands, der von manchen Artikeln und Filmen beschrieben wird. »Es gibt keinen sicheren Beweis einer direkten Verbindung zwischen den algerischen FTP-Mitgliedern [*Franc-Tireurs et Partisans*, Freischärler und Partisanen] und dem Widerstand im Innern der Moschee«, fügt er hinzu. Manche algerische Juden haben in der Moschee gewiss Asyl gefunden wie beispielsweise der jüdisch-algerische Musiker Salim Hallali, der mit dem Muslim Mohamed el Kamel zusammenarbeitete. Aber von dem Tag an, als sein Partner, el Kamel, weggeht, um mit den Nazis bei Radio Berlin zusammenzuarbeiten, fühlt sich Hallali isoliert und schutzlos.

Allerdings gibt wenigstens ein Dokument zu verstehen, dass die Pariser Moschee den Juden schon sehr früh Beistand leistete. Es handelt sich um eine Note, die am 24. September 1940 an das französische Innenministerium gerichtet wurde: Die Besatzungsbehörden haben nämlich das Personal der Pariser Moschee im Verdacht, »Angehörigen der jüdischen Rasse in schwindlerischer Absicht Bescheinigungen auszustellen, die beglaubigen, dass die Betreffenden muslimischen Glaubens sind. [...] Es scheint nämlich, dass viele Israeliten auf Kniffe aller Art zurückgreifen, um ihre Identität zu

195 Hassen Chalgoumi unter Zusammenarbeit von Farid Hannache, *Pour l'Islam de France*, Paris: Le Cherche Midi, 2010, S. 50.

verbergen.«[196] Das ist das einzige Dokument, dass in die Richtung der These geht, die heute vorherrscht, aber, so Ethan Katz, dieses Dokument »liefert keinerlei Hinweis auf die Belege, über die die Deutschen zur Unterstützung ihrer Anklage verfügten, und auch nicht auf die Art und Weise, wie der Rektor oder sein Imam darauf reagiert haben«. Übrigens hatte der Rektor Ben Gabrit Paris zwischen Juni und Oktober 1940 verlassen. Es ist also möglich, dass die Deutschen nicht mit dem Rektor selbst gesprochen haben, sondern nur mit einem der Imame der Moschee. Wie dem auch sei. Der Rektor empfing nach dem Krieg die Medaille der Résistance mit der Rosette[197], und zwar trotz der Zweifel, die vom Nationalrat der Résistance angemeldet wurden, der von ihm im Mai 1941 sagte, dass »er mit dem Feind paktiert habe«.[198]

Doch, Kaddour Ben Ghabrit unterhielt freundschaftliche Beziehungen mit der Vichy-Regierung, versichert der amerikanische Gelehrte, und insbesondere mit dem Generalkommissariat für Judenfragen: »Angesichts der Situation, die Jagd des Regimes auf jüdische Personen zu unterstützen oder ihr entgegenzuarbeiten, scheint [Ben Ghabrit] die Vichy-Regierung unterstützt zu haben. Dass er mitten im Sommer 1944 so gehandelt hat, macht seine Entscheidung noch verwirrender. [...] Tatsächlich gehörte Ben Ghabrit im Fall der Juden aus dem Mittelmeerraum, die sich als Muslime ausgaben, zu einigen ›Experten‹, die Boutmy [ein Beamter des Generalkommissariats für Judenfragen] gewöhnlich zu Rate zog. Eine begrenzte Untersuchung der Akten des Generalkommissariats für Judenfragen bestätigt, dass Boutmy vom Herbst 1943 bis zum Frühling 1944 die Meinung von Ben Ghabrit in mindestens

196 Quelle: Außenministerium, Paris, Reihe Krieg 1939–1945 (Quelle: SG 39–45), M. Vichy-Marokko, 20, Pariser Moschee, Note an den Minister vom 24. September 1940.

197 *JQ*, 26. Juli 1947.

198 Quelle: Archive des Museums der Résistance nationale, Champigny-sur-Marne, thematische Hintergründe, Karton 112, Korrespondenz von Arnaud, 1. Büro beim COMAC, 29. Mai 1944.

vier Fällen erfragt hat.[199] Jedes Mal scheint Ben Ghabrit geantwortet zu haben, dass die betreffende(n) Person(en) ihm kein(e) Muslim(e) zu sein schien(en). Woraufhin die Vichy-Regierung sie alle als Juden betrachtet hat.« Ethan Katz kommt auf die Idee zurück, dass der Rektor, wie viele andere, mehrere Richtungen verfolgt habe, dass er sich »arrangiert« habe, wie der Schweizer Historiker Philippe Burrin gesagt hätte, der mit diesen Worten ein gewisses Arrangement der Franzosen unter der deutschen Besatzung bezeichnete.[200]

199 Quelle: Nationalarchive, Paris, AJ 38, Register 152, 154 und 156, Akten von Amsellem, Salomon, Yacouta, geborene Ben Rahmin, Ben Chemouan und Ben Aroch, Massaoudah; 155, Akte von Baccouche René; 170, Akte von Gourdji, Clément Rahmi, Gourdji, Hoyemine, Ert Aster, Youroiuchelmi; 176; Akte von Joseph Kriel.

200 Philippe Burin, *La France à l'heure allemande* (1940-1944), Paris: Seuil, 1995.

Kapitel 9

Die Geschichte der Shoah in der arabisch-muslimischen Welt

Seit einigen Jahren hat sich das »Projekt Aladin«[201] zum Ziel gesetzt, die Geschichte der Shoah in der arabisch-muslimischen Welt bekannt zu machen. Es wurden mehrere Werke über den Völkermord der Juden Europas übersetzt, insbesondere auf Arabisch, Türkisch und Persisch. Das Projekt ist lobenswert, auch wenn parallel dazu die Suche nach »Gerechten« in der arabischen Welt überraschend erscheint. Denn die deutschen Truppen haben tatsächlich nur zwei arabische Länder besetzt (Libyen und Tunesien), und zwar nur für eine begrenzte Zeit. In Tunesien dauerte die deutsche Besatzung sechs Monate, während welcher Zeit die antijüdische Verfolgung von Walter Rauff koordiniert wurde. Statistisch gesehen gibt es also nur geringe Chancen, in dieser Periode Gerechte zu verzeichnen. Während Yad Vashem im Jahr 2012 den Titel »Gerechter unter den Völkern« an 24000 Personen verliehen hat, befand sich de facto kein einziger Vertreter der arabischen Welt darunter. Wenn man doch aber 70 muslimische »Gerechte« zählt, dann

201 Es wird von der Stiftung zum Gedenken an die Shoah gefördert.

handelt es sich im Wesentlichen um albanische Muslime. Die »Abwesenheit von Gerechten« in der arabischen Welt ist verständlich. Weniger verständlich ist dagegen der Wunsch, mit aller Gewalt welche zu finden… darunter auch in Algerien und Marokko, die nie von den Truppen des Reichs besetzt waren.

Um das Projekt Aladin voranzutreiben, muss man sich zwingen, die Geschichte umzuschreiben mit der Absicht, in ihr die »glückliche Koexistenz« der jüdischen und arabischen Gemeinschaften geltend zu machen, damit dieser vorgestellte Konsens die Spannungen der Gegenwart besänftigt?

Nachdem er im 19. Jahrhundert gebildet wurde, wird der Mythos des freundlichen Zusammenlebens heute von einem arabischen Diskurs abgelöst, für den allein der Zionismus das »gute Einvernehmen« von einst beeinträchtigt hätte. Diese Erzählung ist zu einem Gemeinplatz in der Meinung des Westens[202] geworden, die gerne an die Möglichkeit eines friedlichen Lebens mit dem Islam glauben möchte, der sich an ihren Grenzen befindet.

In der arabischen Welt hatten die Juden gelernt, innerhalb der geistigen Grenzen zu leben, die die Grenzen der Dhimma waren, d.h. einer Toleranz, die aus Verachtung bestand, einer Alltagswelt, in der die Identität der Geburt jedem einen festen Platz zuwies. Bis zur Mitte des 20. Jahrhunderts stand dieses kulturelle Substrat im Zentrum der Lage der Juden auf arabischem Boden. Dieses Substrat ist es, das einerseits in Kombination mit einer Emanzipation, die von der muslimischen Mehrheit tatsächlich als kränkend erlebt wurde, andererseits in Verbindung mit dem Antinazismus die Sammlung der Juden um die Sache der Vereinten Nationen

202 »Das berühmte idyllische Leben der Juden in den arabischen Ländern ist ein Mythos«, schrieb Albert Memmi 1974 am Ende des Kippur-Kriegs. »Die Wahrheit ist – da man mich nötigt, darauf zurückzukommen –, dass wir in erster Linie eine Minderheit in einem feindlichen Umfeld waren. […] Niemals, und ich meine wirklich niemals […], haben die Juden in arabischen Ländern anders denn als erniedrigte Menschen gelebt.«

während des zweiten Weltkriegs erklärt. Eine Sammlung, die das Abbröckeln einer alten Knechtschaftsbeziehung bestätigte, die noch in der Moderne durch die europäische Kolonialisierung, die Entstehung des arabischen Nationalismus und den jüdisch-arabischen Konflikt in Palästina seit den 1930er Jahren verschärft worden war.

In Frankreich wird das Schreiben dieser Geschichte heute auf zweifache Weise behindert. Einerseits durch den Konflikt zwischen dem Staat Israel und den Arabern. Andererseits durch das, was der Geograf Yves Lacoste als »postkoloniale Frage«[203] bezeichnet. Anstelle von dem, was war, wird durch dieses doppelte Hindernis das konstruiert, was hätte sein sollen.

Im arabischen Orient ist die Emanzipation der Juden lange als eine Verminderung des »arabischen Wesens« wahrgenommen worden. Im Februar 1955 bemerkte ein französischer Zivilkontrolleur mit Bezug auf die Leiter der Istiqlal-Partei: »Anschließend haben sie mit einem gewissen Groll festgestellt, dass die Juden etwas zu sehr ihre Reserve und ihre gewöhnliche Neutralität verließen, und zwar insbesondere in zwei Fällen: nach dem 16. August (1953), als sie mit einem etwas zu scharfen Ton vom Regionsleiter Sanktionen gegen Muslime verlangten. [...] Außerdem scheint es im gegenwärtigen Zustand, dass die Nationalisten nicht versuchen, sich den Juden anzunähern, sondern von ihnen um den Preis ihrer Ungestörtheit nur verlangen, absolute Neutralität zu wahren.«[204] »Mehr als die Verschärfung der Palästinafrage und die Feindschaft gegenüber dem Zionismus«, bemerkt der Historiker Michael Laskier, »hat die Zunahme des arabischen Nationalismus seit den 1940er Jahren der jüdischen Emigration den Weg geebnet.«[205]

203 Siehe Yves Lacoste, *La Question postcoloniale. Une analyse géopolitique*, Paris: Fayard, 2010.

204 CADN, Marokko, »Judenfragen«, Akte 3.

205 Michael Laskier in: Abdelwahab Meddeb und Benjamin Stora (Hg.), *Histoire des relations entre juifs et musulmans des origines à nos jours*, a.a.O., S. 431.

Der Sultan Marokkos zeigte sich unempfänglich für die Idee von »Rechten der Juden«. Wie die Muslime sind die Juden zwar seine Untertanen, aber im Unterschied zu den Muslimen sind sie Untertanen zweiten Ranges. Am 18. Mai 1949 erinnerte das Sondersekretariat des Sultans René Cassin, den Vertreter der französischen Republik beim Internationalen Komitee für Menschenrechte, an »die eindeutige Haltung (des Sultans) ihnen (den Juden) gegenüber, seinen festen Entschluss, sie während des letzten Krieges zu beschützen – wie Sie in Ihrem Brief bemerkt haben –, sowie seine wiederholten Erklärungen bei verschiedenen Gelegenheiten gegenüber ihrer Abordnung [...]. Im Hinblick auf die bürgerlichen Freiheiten wünschen Sie, Ihren Glaubensgenossen Rechte im Geiste von Prinzipien einzuräumen, die vom Komitee für Menschenrechte angenommen wurden, von dem Sie einer der wichtigsten Pfeiler sind. Ihre Hoheit hegt den brennenden Wunsch, dass deren Ausübung verallgemeinert und tatsächlich auf alle Untertanen ausgedehnt werde ohne Ausnahme oder Diskriminierung. Der beklagenswerte Zustand, mit dem Ihrem Brief zufolge ein Teil der jüdischen Bevölkerung ringt, gehört zu den gegenwärtigen Schwierigkeiten. Er gilt aber nicht nur für sie allein, sondern umfasst auch eine nicht unerhebliche Anzahl ihrer muslimischen Landsleute.«[206] Das klassische Argument ist zwar mit einer Sorge um Gleichheit verziert, aber es verdeckt das *ohnehin schon diskriminierte* Schicksal der Juden unter der Macht des Makhzen.

Das Unbehagen des arabischen Herrn angesichts der Emanzipation des Juden und seiner Konstitution als politisches »Subjekt« kam manchmal in aller Öffentlichkeit zum Ausdruck. Im April 1939 alarmierten die französischen Behörden in Tunesien Paris wegen der »zu großen Zahl« von Verwaltungsstellen, die von Juden besetzt

206 CADN, 1870/2 Mi. 424.

waren: »Diese Frage erneut aufzuwerfen würde bedeuten, Verunsicherung unter den Tunesiern zu säen und die Repressalien der Muslime gegenüber den Israeliten zu rechtfertigen, in denen sie immer die Wucherer und Hauptverantwortlichen für ihren Ruin sehen. Schließlich wird der Tunesier, ohne im Grunde Antisemit zu sein, nicht leicht zulassen, vom Juden verwaltet zu werden, nachdem er sein Herr gewesen war.«[207]

Trotz gegenteiliger Beteuerungen bleibt ein Jude ein Untertan zweiten Ranges und aus diesem Grund schätzt die arabische Kolonialbevölkerung die Beziehungen, die zwischen Juden und französischen Kolonialherren in Tunesien geknüpft wurden, nicht besonders, noch weniger aber, wenn die Juden von ihnen »gut behandelt« werden. Im Mai 1941 hob ein französischer Bericht anlässlich der Vorfälle von Gabès hervor, dass die städtische Ambulanz, die von Dr. Geay verwaltet wurde, die jüdischen Patienten fürsorglich aufnehme: »Ebenso würde man eine Bevorzugung bei den Aufnahmen in das Zivilkrankenhaus feststellen, die von diesem praktizierenden Arzt angeordnet wurden«, ist dort zu lesen, »und diese Gesamtheit von Eindrücken weist ihn als den Juden gegenüber zu wohlgesonnen aus. Daher rührt die Kritik und auch das Unbehagen, die seine Entfernung, die von allen gewünscht wird, zerstreuen würde.«[208] Alles geschieht so, als ob die Emanzipation der Juden die muslimische Bevölkerung oder zumindest einen deutlichen Teil von ihr verstimmen sollte. Wie folgende Verwaltungsnotiz aus dem Jahr 1941 berichtet, würde sich die muslimische Bevölkerung von Tunis aufgebracht zeigen »über die Feststellung, dass bei jedem Festakt der höchste Ehrenplatz dem Rechtsanwalt Eli Nataf vorbehalten ist wegen seiner Eigenschaft als Ratsvorsitzender der israelitischen Gemeinde«.[209]

207 Quelle CADN, classement Bernard, Akte 2504.
208 CADN, 1870/2 Mi. 424.
209 Ebd.

Kapitel 10

Ein verlassenes Königreich

Nachdem sie mehrheitlich israelische Staatsbürger geworden waren, haben viele marokkanische Juden sich vom Heimweh nach ihrem Land verabschiedet. Von den 280 000 Juden der Vergangenheit sind im heutigen Marokko (im Jahr 2015) anscheinend nur noch 3 000 Seelen übrig geblieben. Dieses Heimweh scheint unzertrennlich mit der Verachtung eines Teils der Welt der Aschkenasim in Israel (und außerhalb Israels) gegenüber dem orientalischen Judentum verbunden zu sein. Eine Verachtung, die im jüdischen Staat durch eine Diskriminierung gegenüber nur schlecht integrierten, abgewerteten und manchmal beleidigten Immigranten aus Marokko (»*marroco sakin*«, auf Hebräisch: »Der Marokkaner mit dem Messer«, eine Anspielung auf die hohe Kriminalitätsrate unter den jungen jüdischen Immigranten aus Marokko) gekennzeichnet war. Mit einem gewissen Mut sprach der Historiker Saul Friedländer (der einen Teil seiner Laufbahn in Israel absolvierte) kürzlich von »unserem Rassismus gegenüber den orientalischen Juden«. »Trotz solcher Augenblicke der ›Erkenntnis‹«, erklärte er, »waren wir alle – ich meine die aschkenasische (›weiße‹) israelische Gesellschaft – unbewußt oder halbbewußt Rassisten, und zwar nicht nur gegenüber den Arabern, sondern vor allem in unserer Einstellung zu den Hunderttausenden neuer Einwanderer, die aus Nordafrika und, etwas weniger zahlreich, aus dem Irak und dem Jemen eintrafen.

Die *Mizrachim* (die Orientalen) verbrachten unter erbärmlichen Bedingungen oft Jahre in Übergangslagern (*Ma'abarot*). Man meinte, dass sie sich am besten für die körperliche Arbeit eigneten, zum Putzen der Häuser und Wohnungen der Oberschichten, als Stimmvieh für die ›richtige Politik‹ und zum Auffüllen der israelischen Infanterieeinheiten.«[210]

In weniger als einer Generation jedoch und trotz dieses eisigen Empfangs hat sich Marokko seiner Juden entledigt. Obwohl das Land erst seit dem 2. März 1956 unabhängig geworden war, waren im Herbst desselben Jahres schon 90 000 Juden ausgewandert. Der jüdische Minister, der in der ersten marokkanischen Regierung ernannt worden war, Léon Benzaquen, wurde nach zwei Jahren entlassen. Die folgenden vierzig Jahre gab es keinen jüdischen Minister mehr, obwohl Marokko noch eine bedeutende Gemeinde zählte. Der Arzt Léon Benzaquen, der 1956 zum Postminister ernannt wurde, war lange Zeit das Alibi der marokkanischen Machthaber, wie später jener bemerkenswerte Jude, der Erbe der einstigen »Juden des Hofes«, ehemals Berater von Hassan II. und heute dessen Sohnes Mohammeds VI. Die Macht dieser Palastjuden, die mit dem Makhzen verbunden waren, ist von bleibender Bedeutung, auch in Frankreich, wo sie in bestimmten Gemeindekreisen, die bereit sind, den Mythos eines »ungetrübten Miteinanders« zu pflegen, ein Versprechen im Hinblick auf den »jüdisch-marokkanischen Dialog« geltend machen.

Zwischen Mai und November 1956 verlassen 36 301 Juden das Königreich, obwohl Rabat der Jewish Agency gerade verboten hat, ihre Tätigkeit fortzusetzen. Daran schließt sich die heimliche Auswanderung an, die von israelischen Abgesandten flankiert wird, welche seit 1955 im gesamten französischen Maghreb anzutreffen

210 Saul Friedländer, *Wohin die Erinnerung führt: mein Leben*, übers. v. R. Keen und E. Stölting, Beck: München, 2016, S. 77.

sind. Die Operation wird von der *Misgeret* (hebräisch: der Rahmen) unter Überwachung des israelischen Geheimdienstes im Ausland (Mossad) geplant. Auch wenn die israelischen Agenten sicherlich glaubwürdig und überzeugend waren, konnten sie auf sich allein gestellt doch nicht ein ganzes Volk entwurzeln, wie es heute von der schwarzen Legende Israels kolportiert wird. Sie unterstützen die heimliche Ausreise und trainieren die jungen Juden in Selbstverteidigung, ein Auftrag, der nach dem Farhud in die Tat umgesetzt wurde, dem Pogrom, das am 1. und 2. Juni 1941 in Bagdad stattfand und 180 Tote und mehr als 600 Verletzte hinterließ. Die Jewish Agency versucht praktisch, die Selbstverteidigung der jüdischen Gemeinschaften der arabischen Welt zu stärken, in Erwartung der Gewalttaten, die mit dem Wiederaufflammen des Palästinakonflikts verknüpft sind und die auch in Zeiten der Unabhängigkeit auftreten können. Diese Vorsichtsmaßnahme erweist sich in Libyen und Ägypten nach 1945 als wirksam, ebenso in Marokko im Jahre 1961, als anlässlich des Besuchs von Präsident Nasser in Casablanca die jüdische Gemeinde von einer Welle der Verfolgung erfasst wird.

Ein Drittel der Schulen der Alliance Israélite Universelle wird verstaatlicht, während die Ausreisen bis zum plötzlichen Tod des Königs im Februar 1961 heimlich weitergehen. Einen Monat zuvor war ein Schiff, das mit illegalen Auswanderern beladen war, die *Pisces* (die in *Egoz* umbenannt worden war), untergegangen.[211] Der neue König Hassan II. entscheidet sich für eine radikal andere Politik. Er erkennt die Auswanderung offiziell an, indem er die Ausreise von 92000 Juden verteilt auf drei Jahre genehmigt (1961, 1964, Operation Jachin). Sie wird auch noch über diese Zeit hinaus weitergehen, aber in geringerem Umfang.[212] In wenigen Jahrzehnten

211 Siehe oben: 44 illegale jüdische Emigranten ertranken.

212 Zwischen 1967 und 1979 wurden im Durchschnitt 4700 Abwanderungen pro Jahr gezählt.

verliert Marokko eine zweitausendjährige jüdische Gemeinde. Von den 42 000 Juden, die das Königreich 1971 zählte, sind 1975 nur noch 22 000 und 2015 kaum mehr 3 000 übrig.

Im Rahmen der vom König genehmigten Operation Jachin wurden die Emigranten von den internationalen jüdischen Organisationen in Verhandlungen mit dem Makhzen *freigekauft* (zwischen 50 und 200 Dollar pro Kopf[213]). Diese Tatsache ist den Historikern zwar bekannt. Dennoch bleibt es auch heute noch schwer, sie auszusprechen: Nach dem Vorbild von Ceaucescus Rumänien während derselben Zeit wurde um die Juden Marokkos drei Jahre lang durch die königliche Macht ihres Landes »gefeilscht«.

Vor allem in Deutschland, allgemein in Europa, ebenso wie in der arabischen Welt, wurden die Juden im Moment der Gefahr im Grunde allein gelassen. Von den 1930er Jahren an sollte die Entwicklung eines arabischen nationalistischen Diskurses, der immer stärker ethnisiert wurde, dem Begriff der »arabischen Juden« schon bald alle Legitimität rauben.

»Erzählt uns schöne Geschichten, und wir werden euch glauben«, sagt ein hinduistisches Sprichwort. Entgegen aller heute versammelten Belege wird behauptet, dass die arabische Welt »den Nazismus abgelehnt« habe. So führt man in einem kürzlich erschienenen Werk einen Text an, der dem ägyptischen Schriftsteller Taha Hussein gewidmet ist (»Ein arabischer Schriftsteller prangert die Barbarei der Nazis an«[214]). Aber so brillant er auch gewesen sein mag, bleibt Taha Hussein doch marginal und kann als Einzelperson die pronazistischen Sympathien eines großen Teils des arabischen Nationalismus des Nahen Ostens nicht verdecken, eines Nationalismus, der manchmal auch Gebrauch von

213 In dem Buch von Abdelwahab Meddeb und Benjamin Stora (Hg.), *Histoire des relations entre juifs et musulmans des origines à nos jours*, a.a.O., ist juristisch von einem »finanziellen Ausgleich« die Rede, S. 421.

214 Ebd., S. 370

den *Protokollen der Weisen von Zion* (1926 auf Arabisch übersetzt) gemacht hat.[215]

Wenn die Angst den Verstand lähmt[216], kommt uns der Glaube zu Hilfe. Und wenn die Wirklichkeit unserer Weltsicht widerspricht, hat unsere Anschauung doch mehr Gewicht als die angeschaute Sache. Es geht dann nicht mehr darum zu beschreiben, was geschehen ist, sondern was hätte geschehen müssen. Und was gibt es in diesem Zusammenhang an Universalerem als die Bereitschaft, die Augen zu verschließen, wie einst schon Bossuet[217] sagte, indem er sich auf das Buch Jesaia stützte (Je 30, 8-11): »›Sie sagen zu den Sehern‹, bemerkt Jesaia, ›Seht nichts!, und zu den Propheten: Erschaut für uns ja nicht, was wahr ist, sondern sagt, was uns schmeichelt, erschaut für uns das, was uns täuscht.‹[218] [...] Ist es glaubhaft, dass der Geist der Verführung in den Menschen so mächtig

215 Der Tropismus von Nazideutschland gegenüber dem Islam war stärker, als man lange Zeit glaubte, erklärt der amerikanische Historiker David Motadel in seinem Buch *Islam and Nazi Germany's War* (Cambridge, MA: Harvard University Press, 2014; dt.: *Für Prophet und Führer*, übers. v. S. Held und C. Hornung, Stuttgart: Klett-Cotta, 2017). Er zeigt darin, dass die Zusammenarbeit zwischen Muslimen und Nazis im orientalischen Europa bedeutender war, als wir bislang gedacht hatten. Auch wenn es offensichtlich um den Großmufti von Jerusalem geht, Hadj Amin al-Husseini, weist Motadel auf weniger bekannte muslimische Kollaborateure hin, unter anderem Mufti Jakub Szynkiewicz in Wilna, Imam Shakir Eriss in Riga, Mullah Alimseit Jamilov in Simferopol, Muhamed Pandza in Sarajevo und zwei wichtige muslimische Würdenträger in Berlin, Aliomjan Idriss und Taqi Al Din al Hilali.

216 Vor allem in Extremsituationen: »Wenn es die Umstände gestatten, entschließt sich der Mensch in Todesgefahr mit denen zu sympathisieren, die ihn bedrohen«, schreibt François Bizot im Hinblick auf seine Erfahrung als Gefangener der Roten Khmer (*Le Silence du bourreau*, Paris: Gallimard, »Folio«, 2011, S. 83).

217 Predigt vom 31. März 1662, »Sur l'intégrité de la pénitence«.

218 Bossuet, *Sermons*, Paris: Larousse, 1975, S. 221. Hier ist der Vers, wie er in der *Jerusalemer Bibel* (im Auftrag der Bischöfe Deutschlands, Freiburg: Herder, 1999) erscheint:
»Nun geh, schreib es vor ihren Augen auf eine Tafel, Ritz es als Inschrift ein,
Damit es für künftige Zeiten auf immer bezeugt ist:
Sie sind ein trotziges Volk, mißratene Söhne,
Söhne, die auf die Weisung des Herrn nicht hören.
Sie sagen zu den Sehern: Seht nichts!
Und zu den Propheten: Erschaut für uns ja nicht, was wahr ist,
Sondern sagt, was uns schmeichelt, erschaut für uns das, was uns täuscht.
Weicht nur ab vom rechten Weg, verlasst den richtigen Pfad,
Laßt uns in Ruhe mit dem Heiligen Israels!«

sei, dass sie sich nicht nur darin gefallen, die anderen zu täuschen, sondern sich selbst täuschen, dass ihre eigenen Gedanken sie täuschen, dass sich ihnen ihre eigene Einbildung aufdrängt?«[219]

219 Bossuet, *Sermons*, a.a.O., S. 211.

Kapitel 11

»Zusammenleben.« Der Fall Frankreichs

Mit Bezug auf die Zeugenaussage eines Juden vor der muslimischen Justiz bemerkte der schon zitierte palästinensische Historiker Nazmi Al-Jubeh vor kurzem, dass »es vorkommt, dass die Zeugenaussage manchmal verwendet wird und manchmal nicht«.[220] Warum sollte man eine solche sprachliche Vorsicht walten lassen, um die Ungerechtigkeit zu verschleiern? Im selben Sinne können auch Pogrome wie die von Oujda und Djérada in Marokko, die am 7. Juni 1948 verübt wurden, nicht als »Unruhen zwischen den Gemeinschaften« bezeichnet werden. Zu schreiben, dass »zumindest 42 Tote und 20 Verletzte, Juden und Muslime, innerhalb von 36 Stunden gezählt wurden«[221], bedeutet, dem Leser zu verstehen zu geben, dass es sich um eine Auseinandersetzung zwischen Zivilisten handelte, wohingegen es in Wirklichkeit eine Menschenjagd war, die sich gegen Zielpersonen richtete, die im Voraus bestimmt worden waren. Tatsächlich gab es in Oudja verletzte Muslime, aber das war die Tat der französischen Ordnungskräfte. Die Toten waren dagegen zu 95 % Juden.

220 Nazmi Al-Jubeh in dem Band von Abdelwahab Meddeb und Benjamin Stora (Hg.), *Histoire des relations entre juifs et musulmans des origines à nos jours*, a.a.O.

221 Michael Laskier in: Abdelwahab Meddeb und Benjamin Stora (Hg.), *Histoire des relations entre juifs et musulmans des origines à nos jours*, a.a.O., S. 419.

Der Historiker Benjamin Stora[222] war vor kurzem gewillt, gegen eine »Umschreibung der Geschichte« zu kämpfen, die ihm zufolge bereits stattfindet: »Und nach uns werden andere kommen, die Erzählungen aus der Hölle schreiben werden, das hat bereits begonnen.«[223] Mit diesem »nach uns« meinte Benjamin Stora die letzte Generation (seine eigene), die die jüdisch-muslimische Kultur im Maghreb gekannt haben wird. »Heute schreiben die Juden ihre Geschichte als die einer Hölle neu, aus der es zu entkommen galt; und die Muslime schreiben sie als einen Verrat der Juden neu, was sie von jeder selbstkritischen Infragestellung im Hinblick auf das heutige Fehlen der Juden auf islamischem Boden freispricht.« Die Geschichte der Juden in der arabischen Welt, wahrgenommen »als Hölle«, ist eine zu einfache Sichtweise. Man braucht sie jedoch nicht ihren Widersachern zur Last zu legen, um diese zu diskreditieren. »Diese jüdisch-muslimischen Beziehungen waren zwar auch voller Konflikte«, fügt der Historiker hinzu, »aber das hindert nicht daran, dass es über dreizehn Jahrhunderte hinweg ein gemeinsames Leben gegeben hat.« Offenkundig setzt nämlich jede Unterdrückung ein »gemeinsames Leben« voraus... Selbst vor dem Hintergrund von Unsicherheit und Prekarität besteht die Geschichte der Menschen auch aus Nähe oder gar Freundschaft. Unter anderem auch in denjenigen Welten, die durch Unterwerfung gekennzeichnet sind, wie beispielsweise im Jemen oder in Marokko vor 1912, wo die Existenz der Juden besonders unterdrückt wurde. Wenn man es nämlich heute wirklich mit einem »Neuschreiben der Geschichte« zu tun hat, dann mit einem solchen, das allgemein brüderliche Beziehungen zwischen Juden und Muslimen vorspielt. Dieses Neuschreiben ist von derselben Art wie das der Ideologen

222 Einer der beiden Koordinatoren des zitierten Verlagsprojekts von Albin Michel.

223 Gespräch in der Zeitschrift *Tenoua* (Winter 2014–2015, N. 158), Organ der liberalen jüdischen Bewegung Frankreichs unter dem Titel: »Faire revivre l'histoire commune« (Die gemeinsame Geschichte wieder aufleben lassen).

der 1950er Jahre, die behaupteten, dass »die sowjetischen Lager eine Erfindung der bürgerlichen Presse waren«. In intellektueller Hinsicht ist das kulturelle Vorbild dieses abweichenden Verhaltens dasselbe, nämlich dasjenige, das den Progressivismus auf die schiefe Bahn der Orthodoxie des Guten bringt. Sie ist es, die die »Legende vom freundlichen Zusammenleben« entwirft. Sie ist es, die jenen kulturellen Kode übernimmt, der gebietet, die Dinge nicht beim Namen zu nennen, um nach einem Zusammensein *mit den anderen* zu streben, um sich als ihresgleichen zu erweisen und sich an einem »Ort [wiederzufinden], wo es möglich geworden war, ›wir‹ zu sagen« – um die Begriffe zu übernehmen, die Mona Ozouf in einem anderen Zusammenhang verwendet hat.[224]

Unterstützt durch die Stiftung des Gedenkens an die Shoah, durch andere Institutionen, aber auch durch Mäzene, veröffentlicht das Projekt Aladin im Verlag Tallandier eine Reihe von zwölf Werken, »Geteilte Geschichte«, unter der Leitung des Historikers Michel Abitbol. Die Vorankündigung endet mit folgenden Worten: »Diese Reihe steht unter dem Vorzeichen der allgemeinen und redaktionellen Politik des Projekts Aladin, die sich für die interkulturelle Annäherung einsetzt, und zwar insbesondere zwischen der jüdischen und der arabischen Welt, durch die Verbreitung von Wissen und die Ablehnung jeglicher Formen eines historischen Revisionismus.« »Historischer Revisionismus«, diese Worte sind angemessen, wenn sie nicht darauf abzielen, Geschichte in einem militanten Sinne zu schreiben.

224 Mona Ozouf, *Composition française. Retour sur une enfance bretonne*, Paris: Gallimard, 2009, S. 177. Die Autorin spricht hier von ihrem Engagement in den Reihen der PCF (der kommunistischen Partei Frankreichs) zu Beginn der 1950er Jahre. In einem Interview von 1995 erklärte ihr Freund François Furet mit Bezug auf ihr ehemaliges kommunistisches Engagement: »Mir scheint, dass, wenn man einen politischen Fehler von diesem Ausmaß begangen hat, man die Pflicht hat – vor allem wenn man Intellektueller ist –, über die Bedingungen nachzudenken, unter denen man dazu geführt wurde, dieser Illusion anzuhängen« (zitiert von Christophe Prochasson, *François Furet. Les chemins de la mélancholie*, Paris: Stock, 2013, S. 61).

Das Projekt Aladin hat die Geschichte der Juden in Marokko einem Professor der Universität von Rabat, Mohammed Kenbib, anvertraut, Autor einer Dissertation über die »jüdisch-muslimischen Beziehungen in Marokko von 1859 bis 1948«.[225] Seine Beweisführung hat zum Ziel, die marokkanische Erzählung in die Opferrolle zu drängen und den Juden die Schuld zuzuschieben, jenen Schutzbefohlenen des Islams, jenen undankbaren Flüchtlingen, die vor der christlichen Unterdrückung (1492) geflohen sind und die im 19. Jahrhundert am Ende die Karte des westlichen Kolonialherren ausgespielt haben. Und ihre Beschützer von gestern verrieten. Die These ist ganz einfach: Die Juden, die sich der Großzügigkeit des marokkanischen Islams nicht als würdig zu erweisen wussten, sind selbst für ihre Abwanderung verantwortlich. Dieser Band, der von vorne bis hinten ideologisch ist, illustriert wie viele andere jener polemischen Schriften (während er zugleich diesen polemischen Charakter bestreitet), die Gefangene des Standpunkts der Gemeinschaft[226] sind, den Standpunkt eines arabischen Intellektuellen, der anscheinend immer noch nicht recht in der Lage ist, die Emanzipation des jüdischen Subjekts zu erwägen, und der Gefangener jenes entfremdeten Wissens ist, von dem Pierre Bourdieu sagte, es sei ein »Wissen, das sich nicht als Wissen weiß«.

In einem anderen Band derselben Reihe, der den *Juden und Muslimen in Palästina und in Israel*[227] gewidmet ist, steht auf der Umschlagrückseite, dass »in Palästina Juden und Muslime lange in Harmonie zusammengelebt haben. Anlässlich der Teilung in zwei verschiedene Gebiete im Jahr 1947, ein arabisches und ein jüdisches,

225 Siehe CADN, Syrien-Libanon, 1870/2 Mi. 335.

226 Sein Literaturverzeichnis lässt zwei wichtige Werke über die Geschichte der Beziehungen zwischen Juden und Muslimen aus, nämlich das von Bernard Lewis, *Juifs en terre d'islam* und die Gesamtheit der Dokumente (übersetzt aus dem Arabischen und dem Hebräischen), die von Paul Fenton und David Littman 2010 in *L'Exil au Maghreb*, a.a.O. veröffentlicht wurden.

227 Ammon Cohen, *Juifs et musulmans en Palestine et en Israël. Des origines à nos jours*, Paris: Tallandier, 2016.

endet dieses Zusammenleben urplötzlich. [...] Unter dem osmanischen Reich [1516–1917] leben Juden und Muslime friedlich innerhalb des Rahmens, der durch die Scharia festgelegt war. Gegen Ende des 19. Jahrhunderts verschwinden allmählich diese Traditionen des gemeinsamen Lebens mit der Ankunft der ersten zionistischen Siedler.« Wenn man, ohne eine Miene zu verziehen, schreibt, dass in Palästina »Juden und Muslime lange in Harmonie zusammengelebt haben«, dann fegt man mit einem Federstrich ein ganzes Korpus von Zeugenaussagen und Archiven weg.

Weil es in Wirklichkeit darum geht, die arabische Welt von heute nicht zu verletzen. Bei seiner Annahme am 10. Mai 2001 hatte das Gesetz über das Gedenken an die Sklaverei (das so genannte Taubira-Gesetz) nur den transatlantischen Sklavenhandel berücksichtigt und den interafrikanischen und arabisch-muslimischen Sklavenhandel vergessen, von denen der Historiker Olivier Pétré-Grenouilleau einige Jahre später zeigte, dass sie noch mörderischer waren. Während sich das transatlantische Abkommen auf 11 Millionen Opfer beläuft, liegt die Bilanz an Menschenleben beim interafrikanischen Abkommen bei 14 Millionen und beim arabisch-muslimischen Abkommen bei 17 Millionen. Wie lässt sich dieses Stillschweigen über die nicht-europäischen Abkommen erklären? Im Mai 2006 erklärte Christiane Taubira gegenüber der Zeitschrift *Express*, dass man um jeden Preis verhindern müsse, dass »die jungen Araber [...] auf ihrem Rücken die ganze Last des Erbes der Missetaten der Araber tragen«.[228]

»Wenn ich Videos von islamistischen Imamen veröffentliche, die zur Gewalt aufrufende Reden halten, welche im Widerspruch zu den wichtigsten menschlichen Werten stehen, die von der französischen Republik verteidigt werden«, erklärt Waleed al-Husseini, politischer

228 Christiane Taubira, *L'Express*, 4. Mai 2006.

Flüchtling palästinensischer Abstammung (siehe oben), sind jene, die negativ reagieren, fast immer nicht-muslimische Franzosen, die mir sagen: ›Nein Waleed, man darf die Dinge nicht so zeigen; wenn Sie diese Videos posten, zeigen Sie Hass.‹ Die muslimischen Gläubigen nehmen selten Anstoß an der Veröffentlichung solcher Videos, weil sie das widerspiegeln, was sie ohnehin schon denken oder kennen. Die ängstlichen Nicht-Muslime verurteilen mich, weil ich die Wahrheit zeige, die aus dem Mund derer hervorgeht, die sie bedrohen. Diese Vogel-Strauß-Politik scheint mir typisch französisch zu sein: Wenn man etwas nicht kennt, dann bedeutet das, dass es nicht existiert! Wenn man ihnen eine verkannte Wirklichkeit zeigt oder eine solche, die ihren Vorstellungen zuwiderläuft, leugnen sie sie und, schlimmer noch, klagen Sie an, sie zu erfinden oder sie zu instrumentalisieren.«[229]

Diese Verdunkelung illustriert die so weit verbreitete Schwierigkeit, die Wirklichkeit einzugestehen, wie beispielsweise im Februar 1956, anlässlich des XX. Kongresses der kommunistischen Partei der Sowjetunion, als die französische kommunistische Zeitschrift *L'Humanité* über den »Bericht [sprach], der dem Genossen Chruschtschow zugeschrieben wurde«. Sie veranschaulicht auch die Rolle der gewollten Knechtschaft, bei den Intellektuellen wie anderswo, die jedoch laut manchen unter ihnen, wie George Orwell und Simon Leys, vielleicht bei den Intellektuellen noch bedrohlicher ist.

Wenn die Wirklichkeit unser Leben dekonstruiert, widersetzt sich alles in uns und will nicht sehen. Alles in uns lehnt die Tötung überholter Denkschemata ab. Im Gegensatz zu dem Ausspruch Péguys, demzufolge »man sehen muss, was man sieht«, sieht das Auge in Wirklichkeit »nur das, was der Geist zu verstehen bereit ist« (Bergson). Ohne die zugunsten der Mächtigen frisierte Geschichte

229 Waleed al-Husseini, *Une trahison française*, Ring, 2017.

zu berücksichtigen, wie zum Beispiel den Vorwurf gegenüber den Unterdrückten, dass sie ihre Geschichte nie schreiben könnten, weil sie gewissermaßen »voreingenommen« seien.

Eine Reihe von Intellektuellen bleibt fasziniert von der Kraft und der Gewalt, sie entsprechen nicht dem Gemeinplatz der »Herolde der Befreiung des Menschen«. In seinem Buch *Der revolutionäre Geist* bemerkte der Philosoph Leszek Kolakowski: »Sehnsucht nach Barbarei, Gewaltkult und Autoritätskult sind unter Intellektuellen keine Neuentdeckungen.«[230] Der Geist der Bewunderung und der Unterwerfung, sein gelegentliches Gegenstück, hat zahlreiche Reisen von Intellektuellen in die Lande einer »strahlenden Zukunft«[231] unterstützt. Manche davon prahlten mit einem sklavischen Geist, für den die italienische Intellektuelle Maria Antonietta Macciocchi mit ihrem Buch *De la Chine*, das 1971 veröffentlicht wurde, ein lehrreiches Beispiel gegeben hat: »Vom chinesischen Volk geht die große Faszination reiner, sündloser Menschen aus«, schrieb sie. »Die Moral beruht hier im Primat, das der Politik zugestanden wird, und Politik bedeutet Hingabe, Mut, Altruismus, Bescheidenheit, Sparsamkeit. Nach zwanzig Tagen ist man bis zum Hals in dieses Meer aus Reinheit eingetaucht.«[232]

230 Leszek Kolakowski, *Der revolutionäre Geist*, übers. v. U. Halbe, Stuttgart: Kohlhammer, 1977, S. 73.

231 Siehe François Hourmant, *Au pays de l'avenir radieux. Voyages des intellectuels français en URSS, à Cuba et en Chine populaire*, Paris: Aubier, 2000.

232 Maria Antonietta Macciocchi, *De la Chine*, Paris: Seuil, 1971, S. 129. Über Geisteskrankheiten im modernen China schreibt sie: »Es gibt keine Spur von Geisteskrankheit in China, weder von Neurosen noch von jenem inneren Zerfall des Individuums, den man in anderen Teilen der Welt kennt, die in der Spirale der Konsumgesellschaft gefangen sind. Die chinesische Welt ist eine kompakte, vollständige Welt, ein absolutes Ganzes« (S. 428).

Kapitel 12

Die Neuschreibung der Abwanderung

Im November 1955 verfasste Jean-Marie Domenach einen Leitartikel der Zeitschrift *Esprit,* den der Vorstand kollektiv unterzeichnet hatte. Unter dem Titel »Stoppen wir den Algerienkrieg« (der ein Jahr zuvor begonnen wurde) schrieb er mit Bezug auf die algerischen Kämpfer der FLN: »Die nominelle Unabhängigkeit verschleiert ein unterdrückerisches Regime und rückständige Sitten, oft sogar einen anderen Kolonialismus, der sicherlich geschickter als unser eigener, aber wahrscheinlich auch erniedrigender ist. Diese Fellaghas, die die französische Gewalt in die Berge getrieben hat, um dort ihre Freiheiten zu verteidigen, bereiten sie wohl eine freiheitliche Zukunft für ihr Volk vor? Laufen sie nicht Gefahr, die Handlanger einer anderen Tyrannei zu sein, wie die Juden Nordafrikas befürchten, die zu Tausenden auswandern, und stellen die Rückkehr der Rache der Vorfahren dar?«[233]

Die arabisch-muslimische Tradition hat den Juden lange Zeit verboten, Arabisch zu schreiben und zu lesen sowie den Koran zu kommentieren. Die *Hadiths,* die sich an der Quelle des muslimischen Rechts befinden, empfahlen, die Juden von der heiligen Sprache

233 Jean-Marie Domenach, »Une nouvelle opinion catholique«, *Esprit,* November 1955.

fernzuhalten. »Das Lesen des Korans war ihnen verboten, ebenso wie die arabische Sprache. Sie müssen auf einen Dolmetscher zurückgreifen«, schreibt 1844 der Engländer John Drummond Hay.[234]

Dennoch ist die Muttersprache der Juden in der arabischen Welt bis zum Ende das Jüdisch-Arabische (oder das Jüdisch-Berberische) geblieben. Zum vormaligen Ausschluss der *geschriebenen und gelesenen* arabischen Sprache gesellte sich im 20. Jahrhundert ein ausschließender arabischer Nationalismus hinzu, der immer stärker islamisiert wurde. Der marokkanische Nationalismus, schreibt Michel Abitbol, »war eher eine Bewegung zur Verteidigung des marokkanischen Islams [...] als eine Bewegung zur politischen Befreiung. [...] Der marokkanische Nationalismus [konnte] in seinen Anfängen kaum Kämpfer jüdischen Glaubens in seine Reihen anziehen, übrigens auch nicht mehr als die tunesische Destur-Bewegung, die ebenfalls fest in der islamischen Tradition verwurzelt war. Weiterhin schließen die muslimischen Intellektuellen die Juden von den Vorstellungen des *Watan* (Vaterland) und der *Umma* (Nation) aus, die im 19. Jahrhundert Gestalt anzunehmen begannen.«[235] Die Juden haben sich also nicht selbst aus einer arabischen Welt ausgeschlossen, die ihr innigstes Universum war, sondern man handelt so, dass sie von ihr ausgeschlossen werden, als sich zur vormaligen »dhimmitude« die zeitgenössische Perspektive der Unabhängigkeit hinzugesellte, die für viele Angehörige von Minder-

234 John Drummond Hay, *Le Maroc et ses tribus nomades. Excursions dans l'intérieur, chasses, détails de mœurs, superstitions, coutumes*, Brüssel: Société typographique belge, 1844, zitiert in Paul Fenton und David Littman, *L'Exil au Maghreb*, a.a.O., S. 275. Eine Feststellung, die von anderen bestätigt wird, u.a. von dem Engländer James Bernard Ginsburg in seinem Tagebuch, das unter dem Titel *Jewish Intelligence* veröffentlicht wurde. In Marokko notiert er am 1. September 1870: »Aber der Israelit ist nicht nur gehalten, vor dem Muslim barfuß zu gehen, er muss ihm auch die Hand küssen, wenn letzterer ihn beleidigt. Auf den Straßen muss er bald auf der linken Seite bald auf der rechten gehen, je nach Befehl. Er hat nicht das Recht, Arabisch zu lesen oder zu schreiben« (in Paul Fenton und David Littman, *L'Exil au Maghreb*, a.a.O., S. 309).

235 Abdelwahab Meddeb und Benjamin Stora (Hg.), *Histoire des relations entre juifs et musulmans des origines à nos jours*, a.a.O., S. 305.

heiten gleichbedeutend mit der Rückkehr zur vormaligen Unterwerfung ist.

Als er zu Beginn des 19. Jahrhunderts in Algerien landete, bemerkte der europäische Kolonialherrscher bereits die »tiefe Abneigung« der Araber gegenüber den Juden, wobei erstere die Ankunft des europäischen Kolonialherrschers begrüßen werden, wie es in einem Großteil der arabischen Welt später auch der Fall war.[236] Ist es der Crémieux-Erlass, der »die Anfänge der Konfrontation zwischen den beiden Gemeinschaften[237]« und »den Beginn der Zwietracht markiert«? Die Archive, die für das 18. und das 19. Jahrhundert zur Verfügung stehen[238], zeigen dagegen jüdische Gemeinden, die in der Angst leben, das Haupt zu erheben. Die französische Kolonialisierung wird eine eingebildete Eintracht auflösen, eine ideologische Konstruktion, die von den Quellen widerlegt wird.

Die Hellsichtigkeit, die ein Domenach schon vor sechzig Jahren bewies, ist in dem weiter oben zitierten Kollektivwerk unterwegs verloren gegangen. Darin steht ebenfalls zu lesen, dass der Farhud von Bagdad (Juni 1941) auf das Konto der »in Auflösung begriffenen irakischen Armee« ging. Nun weiß man heute aber, dass dieses Pogrom nicht spontan war, sondern von mehreren Mitgliedern der Regierung von Rachid Ali, die vor der britischen Armee floh, vorbereitet worden war. Das Massaker war von der Polizei und den Hilfskräften des Regimes (darunter den nationalistischen Jugend-

236 »Der Aufruf des Soummam, der im August von der FLN lanciert wurde«, erklärt der amerikanische Gelehrte Ethan Katz im selben Band, »spricht die Juden als geistige ethnische Brüder an.« Man kann diese Mehrdeutigkeit nicht wörtlich nehmen (»geistige Brüder«); noch kann man das politische Kalkül der Anführer des Kampfes für die Unabhängigkeit verkennen und noch weniger die Angst der jüdischen Gemeinschaften angesichts der Perspektive der nationalen arabischen Unabhängigkeiten. Siehe Ethan Katz, »Dans l'ombre de la République française: un siècle de coexistence et de conflit«, in: Abdelwahab Meddeb und Benjamin Stora (Hg.), *Histoire des relations entre juifs et musulmans des origines à nos jours*, a.a.O., S. 506.

237 Abdelwahab Meddeb und Benjamin Stora (Hg.), *Histoire des relations entre juifs et musulmans des origines à nos jours*, a.a.O., S. 290.

238 Archivaufzeichnungen, die von Paul Fenton und David Littman aus dem Arabischen und Hebräischen in *L'Exil au Maghreb*, a.a.O., übersetzt wurden.

verbänden Al Futtuwa) *geplant* worden. Diesen hatten sich die in Auflösung begriffenen Soldaten angeschlossen und dann am Ende ein Teil der Bevölkerung. Das war der einzige »spontane« Aspekt eines Aufruhrs, der durch und durch geplant war, wie die britischen Untersuchungsberichte und die Zeugenaussagen der Juden von Bagdad zeigen.[239]

Die Untersuchungskommission der Regierung stellt ihrerseits fest: »Es stellte sich heraus, dass am Ursprung dieses Aufruhrs nicht nur der Wille zu plündern und zu verwüsten stand, sondern auch ein Gefühl von Hass. Die Ereignisse haben gezeigt, dass die Plünderer die Sachen, die sie aufgrund ihres Gewichts nicht wegtragen konnten, an Ort und Stelle zerstört haben. Damit sie ihre Funktion verlören, haben sie die Türen und Fenster zerschlagen, die elektrischen Leitungen zerschnitten, die Abflussrohre zum Platzen gebracht, damit das Wasser auslief und die Häuser überschwemmte. Alle diese Tatsachen zeugen von einem feindseligen Geist. Aber das Hauptmotiv war das mächtige Gefühl reinen Hasses, wie die Fälle von Ermordungen zeigen, denen sogar Frauen und Kinder zum Opfer fielen.«[240]

Ein Werk, das den Beziehungen zwischen Juden und Muslimen gewidmet ist, sollte auch nicht zuletzt erwähnen, was das schlimmste Beispiel der Enteignung auf arabischem Boden bleibt.[241] Es tut das nur zum Teil, indem (zu Recht) berichtet wird, dass »die Anschläge auf die Juden, die allgemeinen Entlassungen, [...] die Angriffe auf jüdische Wirtschaftsinteressen (das Einfrieren oder die Konfiszierung von Immobilien und Mobiliar) ihre Abwanderung beschleu-

239 Siehe Georges Bensoussan, *Juifs en pays arabes*, a.a.O., S. 611f. Und die Arbeiten der Fachhistoriker (siehe Esther Meir-Glizenstein, und insbesondere: *Zionism in an Arab Country. Jews in Iraq in the 1940s*, New York: Routledge, 2004).

240 Zitiert von Esther Meir, *RHS*, Oktober 2016, Nr. 205.

241 Eine Enteignung, die durch ein Gesetz vom März 1951 umgesetzt wurde, siehe Abdelwahab Meddeb und Benjamin Stora (Hg.), *Histoire des relations entre juifs et musulmans des origines à nos jours*, a.a.O., S. 429.

nigten«.[242] In Wirklichkeit wurde die Enteignung durch einen Gewaltstreich vollzogen, der vom irakischen Parlament in der Nacht des 2. März 1951 betrieben wurde. Indem sie ein Versprechen, das sie der jüdischen Gemeinde ein Jahr zuvor gegeben hatten, mit Füßen traten, sperrten die Abgeordneten in jener Nacht die Güter der Juden, die sich in die Abreiselisten eingetragen hatten (120 000 von den 130 000, die die Gemeinde zählte). Dieser Hinterhalt enteignet in wenigen Minuten die reichste der jüdischen Gemeinschaften in der arabischen Welt.

Die Verdrängung der Juden der arabischen Welt ruft im Westen Gleichgültigkeit oder Unbehagen hervor. Es bleibt allerdings schwierig, eine Gesellschaftsordnung zu benennen, in der die Demütigung eine Politik an sich darstellt. Und es ist riskant, die Herrschaft der »arabischen Welt« über den Körper und den Geist zu verdeutlichen, und ebenso riskant, die dumpfe Angst anzusprechen, die häufig den Hintergrund des Alltagslebens darstellt. Das würde bedeuten, so die landläufige Ansicht, das Risiko einzugehen, eine Bevölkerung zu »schematisieren« oder, wie die zeitgenössische Meinung behauptet, einen uneingestandenen Rassismus hinter einer Kulturgeschichte zu entlarven, die als »Kulturalismus« geschminkt wurde.

Albert Memmi, geboren in der *Hara* (*Mellah*) von Tunis, hat in *Die Salzsäule* (1953) einen Weg beschrieben, der für viele andere Juden des Maghreb gilt. Er kommt darin auf seine Ankunft in Frankreich im Jahr 1957 zu sprechen, während er sich im Hinblick auf die Zukunft der Juden in einem künftig unabhängigen Tunesien keinen Illusionen hingibt: »Daraufhin erreichte ich also Frankreich und war mit dem Gerede konfrontiert, das in den Salons der Pariser Linken kursierte: Die Juden hätten immer in völligem Einvernehmen mit den Arabern gelebt. Man beglückwünschte mich beinahe dazu,

242 Ebd.

in einem Land geboren zu sein, wo der Rassismus, die Fremdenfeindlichkeit unbekannt waren. Ich musste lachen; ich hatte so viel dummes Zeug über Nordafrika gehört, das von Leuten mit den besten Absichten ausging, dass ich darauf nicht besonders reagierte, das stimmt. Dieses Geschwätz begann mich zu beschäftigen, als es zu einem politischen Argument wurde, d. h. ab 1967. Die Araber hatten sich damals einfallen lassen, sich dieser Unwahrheit, die überdies auf einen sehr vorteilhaften Boden fiel, zu bedienen.«[243]

Übrigens, auch wenn der Hass gegenüber einem bestimmten Volk zu Recht abgelehnt wird, führt man ihn nicht doch wieder ein, wenn man meint, dass ein »jüdischer Historiker«, der »obendrein auch noch Sepharde« ist, kaum in der Lage ist, sich mit der Geschichte der Juden in der arabischen Welt zu befassen? Als ob der Unterdrückte von gestern – und er wäre in diesem Fall übrigens der einzige gewesen – nicht seine eigene Geschichte schreiben könnte. Hat man je einen ähnlichen Vorbehalt gegenüber italienischen Historikern, die über Italien schreiben, oder englischen Historikern, die über England schreiben, gehört? Und Léon Poliakov, Raul Hilberg und Saul Friedländer, die alle drei Opfer des Nazismus waren, sind sie ungeeignet, darüber zu sprechen?

Die Neigung, die Augen zu verschließen – und die gesellschaftliche Blindheit ist ein Bestandteil davon –, ist ein entscheidendes kognitives Hindernis. Während er in *Une génération* mit Verstand und Humor seine privilegierte Kindheit erzählt, verliert Alain Besançon diese Hellsichtigkeit plötzlich, sobald es darum geht, intime Beziehungen anzusprechen, bei denen die gesellschaftliche Dimension zentral ist. Mit Bezug auf die zahlreichen Bediensteten, die in den verschiedenen Häusern der Familie, in Paris, in Palaiseau oder in Bissy bei seiner Großmutter dienen, bemerkt Besançon:

243 Albert Memmi, *Juifs et Arabes*, a.a.O., S. 56.

»Die gesellschaftlichen Schranken, um die so viel Aufhebens gemacht wird, waren unbedeutend gegenüber den Bindungen, die sich auf natürliche Weise in der ›Familia‹ knüpften.«[244]

Die Darstellung einer Wirklichkeit bereitet manchmal ein solches Unbehagen, dass man sie als »Karikatur« bezeichnet, dass man es ablehnt, sie zu hören, genauso wie man die Aufrufe zum Hass, die aus der arabisch-muslimischen Welt kommen, als *karikaturistisch* beurteilt. Die Unfähigkeit, sich bestimmte Dinge vorzustellen, betrifft die klarsichtigsten Geister, wie beispielsweise Max Nordau, diesen Juden ungarischer Abstammung, Psychiater in Paris, Freund und rechte Hand von Theodor Herzl, der bei der Eröffnung der ersten Zionistenkongresse eine lange einleitende Rede hielt, die ihn als einen der besten Analytiker der Lage der Juden in der Welt auswies. Sein Bericht, der großes Interesse fand, zeichnete ein finsteres Bild von der Lage der Juden in Russland, Rumänien, Marokko und im Jemen, vier Konstellationen, die zu den dramatischsten gehörten. Dennoch konnten weder seine lebhafte Intelligenz noch seine Klarsichtigkeit Max Nordau darauf vorbereiten, sich noch Schlimmeres vorzustellen. So erklärte er am 15. August 1899 bei der Eröffnung des III. Zionistenkongresses: »Es ist nicht wahrscheinlich, dass man alle Juden aus einem Lande austreiben wird [...]. Es gibt heute ein europäisches Gewissen, ein Menschheitsgewissen [...], das nicht leicht tobende Massenverbrechen duldet. [Ich glaube nicht] an [ein] allgemeines Blutbad unter den Juden, an [eine] allgemeine Judenverjagung...«[245]

Zu Beginn der 2000er Jahre hatte man den Diskurs, der das mögliche Auftauchen französischer Attentäter ankündigte, als »karikaturistisch« bezeichnet. Einige Jahre später war die künftige Litanei

244 Alain Besançon, *Une génération*, Paris: Julliard, 1987, S. 223.

245 Zitiert von Dominique Bourel, *Martin Buber. Sentinelle de l'humanité*, Paris: Albin Michel, 2015, S. 58; dt.: *Martin Buber: was es heißt, ein Mensch zu sein*, übers. v. H. Brühmann, Gütersloh: Gütersloher Verlagshaus, 2017, S. 62.

bekannt: Merah, Nemmouche, die Brüder Kouachi, Abdeslam, Abbaoud, Abrini und viele andere, deren Hassreden unmittelbar von dem Ägypter Sayyid Qutb (1906–1966) inspiriert waren, diesem Muslimbruder, der dem Gründer der gleichnamigen Bewegung, Hassan el-Banna, nahe stand und der bis heute einer der wichtigsten Anreger der islamistischen Gewalt bleibt.[246] »Die Juden haben sich gegen die Geschichte des Islam verschworen, ihre Ereignisse und ihre großen Männer, sie haben immer versucht, darin Verwirrung zu stiften. Sie haben sich verschworen, um die mündliche Offenbarung des Islam (die *Hadiths* Mohammeds)[247] zu verunstalten«, schreibt er. »Die Juden haben Männer und Regierungen in der muslimischen Welt aufgewiegelt mit dem Ziel, sich gegen die muslimische Gemeinschaft zu verschwören. Hunderte und anschließend Tausende von ihnen haben sich sogar innerhalb der muslimischen Welt verschworen, indem sie die Gestalt von Orientalisten oder Studenten der Orientalistik angenommen haben. Heute spielen sie eine wichtige Rolle im Geistesleben dieser Länder, deren Bevölkerung jedoch erklärt, dass sie Muslime sind!« Für Qutb verkörpert »der Jude« jene gefährliche Moderne, die eine »Armee von Agenten in Form von Professoren, Philosophen, Ärzten, Forschern, manchmal auch Schriftstellern, Dichtern, Wissenschaftlern und Journalisten, die [...] die ehemalige Rolle der Juden erfüllen«[248], in die muslimische Welt schickt.

246 Siehe insbesondere *Notre combat contre les Juifs*, verfasst von Sayyid Qutb in Kairo zu Beginn der 1950er Jahre. Über Sayyid Qutb schrieb Raphaël Liogier vor kurzem, dass er »dem Islamismus seine volle Dimension einer revolutionären politischen Utopie verlieh. Qutb wandte sich an die Unterdrückten, an die Ausgestoßenen des Kapitalismus und an die Opfer des Kolonialismus. Wie die meisten großen Ideologen des Islamismus war er dennoch gegenüber dem Terrorismus auf westlichem Boden nicht positiv eingestellt, sondern nur gegenüber dem revolutionären Handeln in den muslimischen Ländern, die durch den westlichen Einfluss verdorben waren«, *Le Mythe de l'islamisation. Essais sur une obsession collective*, Paris: Seuil, 2012, S. 187. Kein Wort über seinen Antisemitismus.

247 Ronald L. Nettler, *Past Trials and Present Tribulations. A Muslim Fundamentalist's view of the Jews*, a.a.O., S. 75.

248 Ebd., S. 77. Siehe den nationalistischen algerischen Ideologen Malek Bennabi, seinen Zeitgenossen.

1931 ließ das französische Konsulat von Jaffa (Palästina) dem Quai d'Orsay eine Blütenlese der lokalen Presse mit Bezug auf die Entscheidungen des Allgemeinen Islamischen Kongresses zukommen, der gerade in Jerusalem abgehalten worden war: »Appell an die französische Regierung im Hinblick auf die Annullierung des Dahir, der den Muslimen gestattet, ihre Religion aufzugeben.«[249] Weit davon entfernt, Neuerungen einzuführen, erinnerte der Kongress nur daran, dass die Aufgabe des Islams ein wichtiges Verbot auf muslimischer Erde blieb. Zugleich ist man überzeugt, dass die Konvertierungen, die den Juden aufgezwungen wurden, vor allem das Werk der christlichen Welt waren. In Wirklichkeit ging das Marranentum auf islamischem Boden (insbesondere mit der Eroberung der Almohaden und der Einnahme von Fez im Jahr 1146) dem Marranentum auf christlichem Boden voraus. Da sie gewaltsam bekehrt wurden, werden diese »neuen Muslime« dennoch nie als vollgültige Muslime betrachtet, und auch auf dieser Ebene hat im Gegensatz zum Alltagswissen der Islam das Phänomen der *nuevos cristianos* vorweggenommen. Es war nämlich weit vor den Statuten der *limpieza de sangre* [Blutreinheit] (Toledo, 1449), die einen Rassismus vor der Erfindung des Begriffs einführten, indem sie den Konvertiten jüdischer Abstammung den Weg zu höheren Ämtern versperrten, dass die Neomuslime durch ihre Kleidung von den »waschechten« Muslimen unterschieden werden sollten. Ohne je nach einem religiösen Amt streben zu können (Kadi, Imam oder Prediger).

Zugleich bleibt es schwierig zu schreiben, dass ein Teil des arabischen Nationalismus mit dem Nazismus Kontakt pflegte. Berlin hat zwar beträchtliche Energien gegenüber dem arabisch-muslimischen (aber auch türkischen und persischen) Orient entfaltet, indem

249 Quelle: CADN, Syrien-Libanon.

es die Saite des einheimischen Antisemitismus anschlug.[250] Im November 1942 antwortet Radio Zeesen[251], das in arabischer Sprache sendet, auf die Landung der Alliierten in Nordafrika, um »die neue Aggression der Angelsachsen gegenüber den arabisch-muslimischen Ländern« anzuprangern, die den »jüdischen Interessen« zugeschrieben wird (8. November 1942). Am 11. November 1942 strahlt Radio-Paris (ebenfalls in arabischer Sprache) Auszüge einer Rede aus, die vom Großmufti Amin al-Husseini in der deutschen Botschaft in Rom gehalten wurde. Darin erklärt er, dass ein Sieg der Alliierten »die Niederlage der Araber, aber auch die Zerstörung des Arabismus [bedeuten würde], weil die Juden damit rechneten, ihre nationale Heimstätte nicht nur in Syrien, im Libanon, im Ostjordanland und in Ägypten zu errichten, sondern auch in allen arabischen

250 Und nicht nur die des Antikolonialismus. Dem muss man noch den heftigen Antizionismus des Nazismus seit seinen Anfängen hinzufügen. Hitler beruft sich darauf in *Mein Kampf* (1924–1925) und Alfred Rosenberg widmet ihm 1927 ein kurzes Werk. »Denn indem der Zionismus der anderen Welt weiszumachen versucht, daß die völkische Selbstbesinnung des Juden in der Schaffung eines palästinensischen Staats seine Befriedigung fände, betölpeln die Juden abermals die dummen Gojim auf das gerissenste«, schreibt Hitler. »Sie denken gar nicht daran, in Palästina einen jüdischen Staat aufzubauen, um ihn etwa zu bewohnen, sondern sie wünschen nur eine mit eigenen Hoheitsrechten ausgestattete, dem Zugriff anderer Staaten entzogene Organisationszentrale ihrer internationalen Weltbegaunerei; einen Zufluchtsort überführter Lumpen und eine Hochschule werdender Gauner.« Bereits 1921 veröffentlichte Rosenberg *Der staatsfeindliche Zionismus*. Hitler lässt sich davon zwar weitgehend anregen, aber der Verachtung Rosenbergs (»die Juden sind unfähig zu ...«) fügt Hitler die Vorstellung hinzu, dass dieser Staat die Basis der internationalen jüdischen Weltverschwörung wäre. Im Jahr 1937 ruft die Peel-Kommission zur Abschaffung des britischen Mandats und zur Aufteilung Palästinas in einen arabischen und einen jüdischen Staat auf. Daraufhin entfesselt Berlin seine Propaganda im gesamten Nahen Osten. Im Dezember 1937 wird der Anführer der Hitlerjugend, Baldur von Schirach, nach Syrien und dann in den Irak entsandt, um Beziehungen mit den Bewegungen der einheimischen Jugend zu knüpfen in der Absicht, das Kommen von Delegationen junger nationalistischer Araber nach Deutschland zu organisieren. Was dann auch bereits im Jahr darauf geschieht (siehe Pierre-André Taguieff, *RHS*, Oktober 2016, Nr. 205). »Im Januar 1938 schließt sich von Leers in Alfred Rosenbergs Zeitschrift *Der Weltkampf*«, so Taguieff, »der arabischen These an, um jegliche jüdische Präsenz in Palästina abzulehnen.« Schließlich veröffentlicht Berlin 1939 in einer Auflage von 10 000 Exemplaren den Text von Giselher Wirsing (*Engländer, Juden und Araber in Palästina*), demzufolge das Ziel der Zionisten darin besteht, »einen Vatikan des Weltjudentums [zu errichten]. Eine solide Basis zu bauen, auf der die jüdische Weltpolitik in den nachfolgenden Jahren ruhen kann« (siehe Jeffrey Herf, *The Jewish Enemy. Nazi Propaganda during World War II and the Holocaust*, Cambridge, MA: Harvard University Press, 2006).

251 Der Sender nimmt seine Arbeit vom April 1939 an in der Nähe von Berlin auf.

Nachbarländern.«[252] Im Dezember 1942 veröffentlicht Johann von Leers in der Zeitschrift *Die Judenfrage*, die von antisemitischen Intellektuellen betrieben wird, einen Artikel mit dem Titel *Judentum und Islam als Gegensätze*, indem er den muslimischen Antijudaismus lobt: »Die Feindseligkeit Mohammeds gegenüber den Juden hatte eine Konsequenz: Die Juden des Orients wurden völlig gelähmt. Ihr Fundament war zerstört worden. Das Judentum des Orients hatte nicht wirklich Anteil an dem außergewöhnlichen Machtzuwachs des europäischen Judentums im Lauf der letzten beiden Jahrhunderte. Zurückgestoßen in den Schmutz der Gassen der *Mellah* haben die Juden dort ein elendes Leben geführt. Sie haben unter einem Sondergesetz gelebt, dem Gesetz einer geschützten Minderheit, die im Gegensatz zu dem, was in Europa geschah, ihnen nicht erlaubte, Wucher zu treiben, auch nicht einmal den Handel mit gestohlenen Waren […]. Wenn die übrige Welt eine ähnliche Politik verfolgt hätte, hätten wir keine Judenfrage. […] Als Religion hat der Islam der Welt einen ewigen Dienst erwiesen: Er hat die drohende Eroberung Arabiens durch die Juden verhindert. Dank einer reinen Religion hat er die monströse Lehre Jehovas besiegt. Dadurch wurde zahlreichen Völkern der Weg zu einer höheren Kultur eröffnet.«[253]

Woche um Woche hat die Nazipropaganda die antijüdische Stimmung der Bevölkerung beackert. »Der Großrabbiner der jüdischen Gemeinschaft Ägyptens«, erklärt Radio Zeesen am 16. November 1942, hat »für alle Juden [angeordnet], den Sieg der Briten und der Amerikaner in Nordafrika zu feiern«, denn die Juden wissen, »dass die Amerikaner vor allem deshalb in Nordafrika einmarschiert sind, um [ihnen] zu helfen und ihnen neue Gebiete zu

252 Jeffrey Herf, *Hitler, la propagande et le monde arabe*, Paris: Calman-Lévy/Mémorial de la Shoah, 2012, S. 170.

253 Zitiert von Pierre-André Taguieff, *RHS*, Oktober 2016, Nr. 205.

geben.« »Das Ziel der Juden ist es, die Araber einzukreisen«, fügt das deutsche Radio zwei Tage später hinzu, »die wahre Gefahr des alliierten Angriffs sind die Juden. Alle Araber müssen wissen, dass der Sieg der Alliierten den Sieg der Juden bedeutet und dass die Niederlage der Alliierten die Niederlage der Juden bedeutet.« Am 29. November 1942 behauptet Radio Zeesen, dass der Maghreb künftig »eine Brücke zwischen zwei jüdischen Hauptstädten sein wird, Jerusalem und New York«, und fügt am 11. Dezember hinzu, dass Präsident Roosevelt der »Esel [ist], auf dem die Juden mit ihren Sporen reiten«.

Dem amerikanischen Historiker Jeffrey Herf zufolge, der über diese Tonaufnahmen berichtet, denken die Deutschen »nicht ohne gute Gründe, dass der Antizionismus und der Antisemitismus entscheidende Einfallspunkte in das Herz und den Geist der Araber und Muslime waren, die sich entschlossen, beides zu unterstützen und sich den Alliierten entgegen zu stellen«.[254] Die Archive der Alliierten geben ihm in diesem Punkt Recht, da sie eine amerikanische Administration zeigen, die sich der Kraft des arabischen Antisemitismus bewusst ist, was so weit geht, dass sie ihren Propagandadiensten (darunter *Voice of America*) am 14. November 1942 empfiehlt, sich »an die Bevölkerung von Palästina mit mehr Taktgefühl und Umsicht [zu wenden] als anderswo im Mittleren Osten.« Und jede Unterstützung des Zionismus zu unterlassen:

»1. Worte sowie Schriften müssen ganz aufrichtig von der Erkenntnis geleitet werden, dass zionistische Bestrebungen nicht erwähnt werden dürfen, insofern jeder ernsthafte Ausbruch der antijüdischen Stimmung, der sich unter den arabischen Bevölkerungsteilen der Region ereignen könnte, Gefahr liefe, unserer Strategie im östlichen Mittelmeerraum zu schaden.

254 Ebd., S. 108.

2. Ebenso tabu ist im Moment die geringste Erwähnung einer jüdischen Armee.

3. Wir müssen uns daran erinnern, dass die Juden insgesamt die Sache der Vereinten Nationen glühend verfechten, und nicht die Araber.«[255]

Das Außenministerium betont: Die amerikanische Politik muss sich vom Zionismus, einer empfindlichen Saite »in der arabischen Bevölkerung«, distanzieren, und empfiehlt sogar, Nachrichten mit Bezug auf die Ausrottung der Juden in Europa nicht zu erwähnen.[256]

255 Ebd., S. 103.

256 Ebd., S. 104. Nach den Gewalttätigkeiten, die im Mai 1941 in Gabès (Tunesien) (siehe oben) ausgebrochen waren, erklärte der Zivilkontrolleur gegenüber dem Generalresidenten Frankreichs in Tunis am 24. Mai 1941: »Aber man erkennt gemeinsam den Einfluss an, der durch die latente Feindschaft gegenüber den Juden hervorgerufen wurde, seit ihnen gegenüber offizielle Maßnahmen ergriffen wurden, und vor allem die Auswirkung der jüngsten internationalen Ereignisse (Palästina, Irak, deutsche und italienische Erfolge auf dem Balkan, gegen England, das als letzte Zufluchtsstätte der Juden betrachtet wird).« Quelle CADN, Tunesien 1941.

Kapitel 13

Eine »feige Erleichterung«[257]

Seit mehreren Jahrzehnten hinterfragen arabische Intellektuelle das Scheitern der Aufklärung in ihrer Heimatwelt. »Es bedarf in der Tat Mut und Ehrlichkeit, um eine Geschichte voller Lügen, Erdichtungen und Fälschungen neu zu lesen.«[258] Im Jahr 1974 schrieb der syrische Historiker Ilyas Khoury, dass die Wiedergeburt der arabischen Welt erfordere, Überzeugungen mit Bezug auf die eigene Geschichte zu entmythologisieren und aus Opfererzählungen auszubrechen sowie die verbotenen Zonen dieser Geschichte anzuerkennen.[259] Unter der Bedingung, dass außerdem der Vernunft Rechnung getragen wird. Im August 2015 erklärte der ägyptische Schriftsteller Sayyed Al Qimni, dass »der Gebrauch des eigenen Geistes zu einem Verbrechen geworden ist. Wir müssen unsere Mentalität und alles andere reformieren. [...] Man sagt uns, dass der Kolonialismus der Grund für unseren Rückstand ist. Das stimmt nicht. [...] Leider gründet unsere Kultur auf Lügen, und unsere Geschichte ist eine Erfindung. Das hat unser Gedächtnis zugrunde gerichtet.«[260] An diese deutlichen Worte knüpfen die des Syrers Adonis an, und zwar ebenfalls im Jahr 2015: »Zudem kann, jenseits

257 Das sind die Worte, die Léon Blum gebrauchte, um auszudrücken, was er (und mit ihm viele Franzosen) nach der Unterzeichnung des Münchner Abkommens (September 1938) empfand.

258 Adonis, *Violence et Islam*, a.a.O., S. 164; dt.: a.a.O., S. 209.

259 Siehe Emmanuel Sivan, *Mythes politiques arabes*, Paris: Fayard, 1995, S. 143.

260 http://www.memri.fr, 18. September 2015.

der Frauenfrage, das Individuum in der arabischen Gesellschaft nicht frei mit dem anderen ins Gespräch kommen. Erlaubt sind weder das Wort noch der demokratische Dialog oder der Meinungsaustausch. Es dominiert einzig die Gewalt.«[261]

Der Anteil der Juden ist aus der Erzählung der meisten arabischen Länder verschwunden, wohingegen er lange Zeit unzertrennlich von ihr war. Im Hinblick darauf bemerkte der algerische Schriftsteller Boualem Sansal vor kurzem: »Eine ganze Welt hat aufgehört zu existieren. Jetzt, wo das Gedächtnis sich wie ein durchlöcherter Eimer entleert, bleibt auf dem Grunde unseres Herzens eine Traurigkeit zurück, die ihresgleichen nicht hat: die Traurigkeit der Leere.«[262] Eine Leere vor dem Hintergrund eines entfesselten Antisemitismus, der von manchen arabischen Intellektuellen angeprangert wird, wie wir gezeigt haben.

Die Dekolonisation sowie die Unabhängigkeit der arabischen Länder hatten die Entwurzelung der jüdischen Kultur aus der arabisch-muslimischen Welt zur Folge, und diese Geschichte war Gegenstand derselben geistigen Verblendung, die einst von Arthur Koestler angeprangert wurde, als er in die Reihen der kommunistischen Bewegung eintrat: »Ich hatte Augen, um zu sehen, und einen Geist, der darauf angelegt war, das auszuscheiden, was sie sahen. Diese ›innere Zensur‹ ist wirksamer und sicherer als jede beliebige offizielle Zensur.«[263]

Derselben Verblendung auch, die dazu führt, die historischen Kontinuitäten zu ignorieren, die diesmal in Europa stattfinden, wenn sich zwei Gemeinschaften, die aus dem Maghreb entwurzelt wurden, erneut gegenüberstehen. Schon vor dreißig Jahren haben

261 Adonis, *Violence et Islam*, a.a.O., S. 99; dt.: a.a.O., S. 125f.

262 Siehe Boualem Sansal, »Juifs d'Algérie. La mémoire en silence«, *Stiletto*, September 2012, Nr. 36, S. 43.

263 Arthur Koestler, *Hiéroglyphes*, Paris: Les Belles Lettres, 2013, S. 66.

Rémy Leveau und Dominique Schnapper mit dem Finger auf die Judenfeindlichkeit der maghrebinischen Einwanderer hingewiesen, die, während sie im Allgemeinen nicht beachtet wurde, in Frankreich erneut eine alte und tief sitzende Ablehnung zum Vorschein brachte: »Die Tatsache, dass das, was sie [die Muslime] als eine mächtige und gegliederte jüdische Gemeinschaft wahrnehmen, in Frankreich vorhanden ist und prominente Stellungen in der Welt der Politik, in der Wirtschaft und sogar in der Kirche einnimmt, scheint ihnen wie ein nahezu unüberwindliches Hindernis für ihre mehrdeutigen Integrationswünsche zu sein. Im äußersten Fall scheint sie ihnen ihr Zögern im Hinblick auf die Einbürgerung zu rechtfertigen, da ja ihr Vorhaben sowieso von der jüdischen Gemeinschaft blockiert werden wird. Im kollektiven Unbewussten der Muslime Frankreichs setzt das Akzeptieren der eigenen Integration schon eine Anstrengung voraus, um auf den politischen Schutz der muslimischen Gemeinschaft zu verzichten. Wenn die Bemühung, in ein säkularisiertes christliches System einzutreten, eine faktische Unterwerfung unter eine gesellschaftliche Autorität nach sich zieht, die von den Juden ausgeübt wird, wird die Bemühung als unmöglich beurteilt.« Weiter oben bemerkten sie in diesem Zusammenhang über die erste Hälfte der 1980er Jahre: »Ihre Solidarität mit den großen arabischen Angelegenheiten mündet schließlich darin, das abzulehnen, was sie als ›Zurückgewinnung‹ durch SOS Rassismus bezeichnen, wo die jüdischen Studenten zahlreich sind, und die katholische Kirche aufgrund der jüdischen Abstammung von Kardinal Lustiger zweifelhafter Absichten ihnen gegenüber zu verdächtigen.«[264]

264 »Religion et politique: Juifs et musulmans maghrébins en France« in: Rémy Leveau und Dominique Schnapper (Hg.), *Les Musulmans dans la société française*, Paris: Presses de la FNSP, 1988, S. 99–140.

Schluss?

»Der menschliche Verstand zieht in das, was einmal sein Wohlgefallen erregt hat – sei es, weil es so überliefert und geglaubt worden ist, sei es, weil es anziehend ist, – auch alles andere mit hinein, damit es jenes bestätige und mit ihm übereinstimme. Und wenn auch die Bedeutung und Anzahl der entgegengesetzten Fälle größer ist, so beachtet er sie nicht, oder verachtet sie, schafft sie durch Haarspalterei beiseite und verwirft sie, nicht ohne schwerwiegendes und verderbliches Vorurteil, nur damit dadurch das Ansehen jener alten fehlerhaften Beziehungen unangetastet bleibe. [...] An Torheiten solcher Art haben die Menschen ihre Freude und schwören darauf, wo es eingetroffen ist; wo es aber fehlgeht, mag es auch weit öfter geschehen, wird es übersehen und übergangen.«[265]

»Wie stellt man es an, nicht an das zu glauben, was einem vor Augen steht?«[266], fragte sich einst Mona Ozouf, die im Hinblick darauf an eine »Glaubenshygiene« appellierte. »Merkwürdigerweise«, fuhr sie fort, »lassen die Leugnungen der Wirklichkeit, die verheerend sein müssten, recht häufig den Glauben überleben. Und das spricht Bände über die Tatsache des Glaubens: Die Fähigkeit der Menschen, unangenehme Tatsachen zu vergessen, ist ebenso ungeheuer wie ihre Neigung, angenehme Dinge zu glauben. So erklärt

265 Francis Bacon, Aphorismus 46 des *Novum Organum*, übers. v. R. Hoffmann, hg. v. M. Buhr, Berlin: Akademie-Verlag, 1982, S. 54.

266 Mona Ozouf, *La Cause des livres*, Paris: Gallimard, »Folio«, 2011, S. 637. In diesem Werk hat Mona Ozouf eine Vielzahl ihrer Rezensionen abgedruckt, die seit 1974 im *Nouvel Observateur* erschienen sind.

sich, dass die Auslöschung der Überzeugung die Leidenschaft unberührt lassen kann, von der sie sich nährte.«[267] Mit diesen Worten sprach Mona Ozouf die Frage der Einstellung der Linken zum Kommunismus an, aber ihre Aussage bezog sich im weiteren Sinne auf die Schwierigkeit, die man möglicherweise damit hat, eine unangenehme Geschichte zu Lasten der eingefleischtesten Mythen zu akzeptieren. Der intellektuelle Terrorismus, der sich durch Vermischungen und Unterstellungen vollzieht (»das Spiel von … betreiben«[268]) lastet mit seinem ganzen Gewicht auf der Schwierigkeit, die Geschichte der Juden in der arabischen Welt zu verstehen. Insbesondere dann, wenn die *Doxa*, die allgemeine Meinung, die arabisch-muslimische Welt zu einer messianischen und erlösenden Figur vergegenständlicht.

Der Niedergang der Religiosität in den jüdischen Gesellschaften der arabischen Welt erzeugte wie überall Angst. In der traditionellen Gesellschaft (die »für die einzelnen noch keine psychische Erschöpfung darstellte«[269], wie Marcel Gauchet schreibt), rechtfertigte Gott unsere Stellung in der Welt. In dieser Hinsicht erscheinen die nostalgischen Beschreibungen der Vergangenheit wie eine der

267 Ebd., S. 637. Im selben Zusammenhang bemerkte François Furet mit Bezug auf die Verblendung der kommunistischen Intellektuellen, zu denen er in den 1950er Jahre gehörte: »So ist eine der schrecklichsten Zeiten der Geschichte des Kommunismus auch jene, in der der Kommunismus seine größte Verführungskraft ausgeübt hat« (undatiert, zitiert von Christophe Prochasson, *François Furet*, a.a.O., S. 40). Schließlich bemerkte François Bizot in *Le Silence du bourreau* mit Bezug auf die Roten Khmer, mit denen er in Kambodscha in Berührung kam: »Die Existenz wendet uns von allem ab, was uns ängstigt, ohne Berücksichtigung sonstiger Faktoren, ohne Unterscheidung unserer Ängste«, a.a.O., S. 51.

268 Im Hinblick auf diese Erpressung (»das Spiel von … betreiben«) schrieb George Orwell: »Die These, derzufolge man bestimmte Wahrheiten nicht sagen sollte, weil man dadurch ›das Spiel‹ dieser oder jener Kraft ›betreiben‹ würde, ist unredlich in dem Sinne, dass die Menschen nur dann darauf zurückgreifen, wenn es ihnen einen persönlichen Vorteil bringt […]. Die Vorteile einer Lüge sind immer flüchtig. Die Unterdrückung oder Schönfärbung der Wahrheit scheint so oft eine positive Pflicht zu sein! Und dennoch kann jeder echte Fortschritt nur dank eines Zuwachses an Bildung stattfinden, was die beständige Zerstörung von Mythen erfordert« (zitiert von Simon Leys, *Orwell ou L'Horreur de la politique*, Paris: Flammarion, »Champs«, 2006).

269 Marcel Gauchet, *Le Désenchantement du monde*, a.a.O.

Antworten auf die »psychische Erschöpfung« und die kulturelle Unsicherheit unserer Moderne.

Die jüdische Welt auf arabischem Boden, meint man gewöhnlich, wäre mit dem Konflikt in Israel/Palästina versunken. In Wirklichkeit hat sich dieser Schiffbruch schon lange vorher vorbereitet, als die jüdischen Gesellschaften sich von ihrer Umgebung durch die Auswirkung eines zaghaften Prozesses der Verwestlichung entfernten. Da sie de facto, wenn schon nicht von Rechts wegen, emanzipiert war, wurde die Existenz der Juden von der arabischen Bevölkerung schon bald als eine *Existenzbehinderung* angesehen. Aber für das postkoloniale Bewusstsein, das in der arabisch-muslimischen Welt von heute die Figur des Unterdrückten sehen will, ist es schwer, sich vorzustellen, dass rund um das Mittelmeer diese einst kolonisierte Welt schon lange vor der Ankunft der Europäer auch gleichbedeutend mit Knechtschaft und Sklaverei war. Gering an Zahl sind heute die arabischen Intellektuellen, die das zu sagen wagen, zu schreiben wagen, dass ihre Geschichte durch die Gewaltherrschaft gegenüber anderen Völkern gekennzeichnet ist. »Der Islam setzte sich mit Gewalt durch«, schreibt der syrische Dichter Adonis, indem er vom arabischen Islam spricht; »er wurde zu einer Geschichte von Eroberungen.«[270]

Angesichts dieser »Existenzbehinderung« gab es nie *ein Gedenken* an die Juden der arabischen Welt, sondern *Erinnerungen* je nach Zeit, Ort und gesellschaftlichem Milieu. Je mehr man auf der gesellschaftlichen Leiter hinabstieg und je mehr das jüdische Gedächtnis schmerzlicher wurde, umso mehr kamen die Träger glücklicher Erinnerungen ihrerseits am häufigsten aus wohlhabenden Kreisen, in denen die Kontakte mit den kleinen muslimischen Leuten im Allgemeinen auf die Dienstbotenschaft beschränkt waren. Das

270 Adonis, *Violence et Islam*, a.a.O., S. 48; dt.: a.a.O., S. 57.

Schreiben der Geschichte der Juden im arabischen Orient legt folglich Knechtschaftsbeziehungen bloß, die von volkstümelnden Erzählungen verschleiert werden. Das Schreiben der Geschichte befreit; sie bringt den Beherrschten, die oft die ersten Kolporteure beruhigender Legenden sind, eine nüchterne Wahrheit zu Gehör.

Die versunkene Welt nährt eine unstillbare Wehmut ebenso wie eine Art von Hellsichtigkeit mit Bezug auf die kommende Zeit. Aber dieser Blick wird mit dem Preis der Einsamkeit und des Schweigens bezahlt; er isoliert. Der Kreis beschränkt sich bald nur noch auf diejenigen, die in der Lage sind, diese verlorenen Welten zu hören, die durch die Ereignisse der Gegenwart hindurch lebendig geblieben sind, und gering an Zahl bleiben jene, die noch deren Zeichen lesen können.

Literaturverzeichnis

Abassi, Ali Bey: *Voyage au Maroc en 1803*, Paris: Éditions Coda, 2008.

Abitbol, Michel: *Le Passé d'une discorde*, Paris: Perrin, 1999.

Abitbol, Michel: *Les Juifs d'Afrique du Nord sous Vichy*, Paris: Riveneuve Éditions, 2008.

Abitbol, Michel: *Juifs et Arabes au XXe siècle*, Paris: Librairie Académique Perrin, 2007.

Adonis, *Violence et Islam. Entretiens avec Houria Abdelouahed*, Paris: Seuil, 2015; dt.: Gewalt und Islam, übers. v. Chr. und N. Belakhdar, Bremen: Sujet Verlag, 2016.

Ageron, Charles-Roger: »Les populations du Maghreb face à la propagande allemande«, Revue d'histoire de la Seconde Guerre mondiale, 1979, Nr. 14.

Aïssaoui, Mohammed: *L'Étoile jaune et le Croissant*, Paris: Seuil, 2008.

al-Husseini, Waleed: *Une trahison française*, Paris: Ring, 2017

Al-Jubeh, Nazmi: »The Jews in Jerusalem and Hebron during the Ottoman Era«, in: Abdelwahab Meddeb/Benjamin Stora (Hg.), *Histoire des relations entre juifs et musulmans des origines à nos jours*, Paris: Albin Michel, 2013.

Aouate, Yves: »Les Algériens musulmans et les mesures antijuives du gouvernement de Vichy (1940–1942)« und »Les juifs de France dans la Seconde Guerre mondiale«, *Pardès*, 1992, Nr. 16.

Bennabi, Malek: *Mémoires d'un témoin du siècle* [Erstauflage 1965], Algier: Éditions ANEP, 2006.

Bensoussan, Georges: *Juifs en pays arabes. Le grand déracinement*, Paris: Tallandier, 2012.

Besançon, Alain: *Une génération*, Paris: Julliard, 1987.

Bizot, François: *Le Silence du bourreau*, Paris: Gallimard, 2011.

Bossuet: *Sermons*, Paris: Larousse, 1975.

Boukrouh, Noureddine: *L'Islam sans l'islamisme. Vie et pensée de Malek Bennabi*, Algier: Éditions Samar, 2006.

Bourel, Dominique: *Martin Buber. Sentinelle de l'humanité*, Paris: Albin Michel, 2015; dt.: Martin

Buber: Was es heißt, ein Mensch zu sein, übers. v. H. Brühmann, Gütersloh: Gütersloher Verlagshaus, 2017.

Burin, Philippe: *La France à l'heure allemande (1940–1944)*, Paris: Seuil, 1995.

Caillié, René: *Voyage à Tombouctou*, Bd. 2, Paris: La Découverte, 1996.

Carpi, Daniel: »Les Juifs de Tunisie pendant la Seconde Guerre mondiale«, übersetzt aus dem Hebräischen von Claire Darmon, *Revue d'histoire de la Shoah* [RHS], Oktober 2016, Nr. 205.

Chalgoumi, Hassen/Hannache, Farid: *Pour l'Islam de France*, Paris: Le Cherche Midi, 2010.

Cherki, Eliézer: »Une absence très présente. Jérusalem dans la tradition islamique«, Controverses, Nr. 17, Juni 2011.

Chouraqui, André: *L'AIU et la renaissance juive contemporaine (1860–1940)*, Paris: PUF, 1965.

Cohen, Ammon: *Juifs et musulmans en Palestine et en Israël. Des origines à nos jours*, Paris: Tallandier, 2016.

Cohen, Mark: *Sous le Croissant et sous la Croix. Les Juifs au Moyen* Âge, Paris: Seuil, 2008; dt.: Unter Kreuz und Halbmond, gekürzte Ausgabe, übers. v. Ch. Wiese, München: Beck, 2005.

Conan, Eric: »Encore aujourd'hui«, L'Express, 4. Mai 2006.

Cüppers, Martin/Mallmann, Klaus-Michael: *Halbmond und Hakenkreuz: das Dritte Reich, die Araber und Palästina*, Darmstadt: Wiss. Buchgesellschaft, 2006.

Debono, Emannuel: *Aux origines de l'antiracisme. La Ligue internationale contre l'antisemitisme (LICA)*, 1927–1940, Paris: CNRS Éditions, 2012.

Debono, Emmanuel: »Le difficile rétablissement du décret Crémieux (novembre 1942 – octobre 1943)«, RHS, Oktober 2016, Nr. 205.

de Capell Broke, Sir Arthur: *Sketches in Spain and Morocco*, London: Henry Colburn & Richard Bentley, 1831.

de Foucauld, Charles: *Reconnaissance au Maroc (1883–1884)*, Paris: Challamel et Cie éditeurs, 1888.

Domenach, Jean-Marie: »Une nouvelle opinion catholique«, Esprit, November 1955.

Dosse, François: *Pierre Nora. Homo historicus*, Paris: Perrin, 2011.

Draï, Raphaël: *Lettre au président Bouteflika*, Paris: Michalon, 2000.

Drummond Hay, John: *Le Maroc et ses tribus nomades. Excursions dans l'intérieur, chasses, détails de mœurs, superstitions, coutumes,*

Brüssel: Société typographique belge, 1844, zit. in: Paul Fenton/David Littman: *L'Exil au Maghreb. La condition juive sous l'islam, 1148–1912*, Paris: Presses universitaires de la Sorbonne, 2010.

Ennaji, Mohammed: *Le Sujet et le Mamelouk. Esclavage, pouvoir et religion dans le monde arabe*, Paris: Mille et une nuits, 2007.

Eribon, Didier: *Michel Foucault*, Paris: Flammarion, »Champs«, 1989; dt.: Michel Foucault: eine Biographie, übers. v. H.-H. Henschen, Frankfurt/M.: Suhrkamp, 1991.

Fattal, Salim: *In the Alleys of Baghdad*, Jerusalem: Carmel Publishing House, 2012.

Fenton, Paul: *Le Pogrom de Fez ou le Tritel 1912*, Jerusalem: Yad ben Zvi, 2012.

Fenton, Paul/Littman, David: *L'Exil au Maghreb. La condition juive sous l'islam, 1148–1912*, Paris: Presses universitaires de la Sorbonne, 2010.

Freud, Sigmund: *Der Mann Moses und die monotheistische Religion* [1939], Frankfurt/M.: Suhrkamp, 1970.

Friedländer, Saul: *Wohin die Erinnerung führt: mein Leben*, übers. v. R. Keen und E. Stölting, Beck: München, 2016.

Friedman, Saul: *No Haven for the Oppressed. United States Policy toward Jews and Refugees, 1938–1945*, Detroit: Wayne University Press, 1973.

Gauchet, Marcel: *Le Désenchantement du monde. Une histoire politique de la religion*, Paris: Gallimard, 1985.

De Felice, Renzo: *Jews in Arab Land. Libya, 1835–1970* [ital.: 1978], Austin: University of Texas Press, 1985.

Ghallab, Said: »Les Juifs vont en enfer«, *Les Temps modernes*, Juni 1965, Nr. 229.

Herf, Jeffrey: *The Jewish Enemy. Nazi Propaganda during World War II and the Holocaust*, Cambridge, MA: Harvard University Press, 2006.

Herf, Jeffrey: *Hitler, la propagande et le monde arabe*, Paris: Calman-Lévy/Mémorial de la Shoah, 2012.

Hourmant, François: *Au pays de l'avenir radieux. Voyages des intellectuels français en URSS, à Cuba et en Chine populaire*, Paris: Aubier, 2000.

Jeanneney, Jean-Noël/Nora, Pierre: »Faire sentir la différence des temps«, im Kreuzgespräch mit Julie Clarini, *Le Monde des livres*, 11. Oktober 2013.

Katz, Ethan: »Dans l'ombre de la République française: un siècle de coexistence et de conflit«, in: Abdelwahab Meddeb/Benjamin Stora (Hg.): *Histoire des relations entre juifs et musulmans des origines à nos jours*, Paris: Albin Michel, 2013.

Katz, Ethan: »La Mosquée de Paris a-t-elle sauvé les Juifs? Une énigme, sa mémoire, son histoire«, Diasporas, 2013, Nr. 21, übers. v. Anny Bloch-Raymond; Originaltext: »Did the Paris mosque save Jews? A mystery and its memory«, Jewish Quarterly Review, Frühjahr 2012, Bd. 102, Nr. 2.

Kazdhagli, Habib: »The Tunisian Jews in the German Occupation«, in: Abdelwahab Meddeb/ Benjamin Stora (Hg.), *Histoire des relations entre juifs et musulmans des origines à nos jours*, Paris: Albin Michel, 2013.

Kenbib, Mohammed: *Juifs et musulmans au Maroc*, Rabat, Universität Mohammed V., 1994.

Koestler, Arthur: *Hiéroglyphes*, Paris: Les Belles Lettres, 2013.

Kolakowski, Leszek: *Der revolutionäre Geist*, übers. v. U. Halbe, Stuttgart: Kohlhammer, 1977.

Küntzel, Matthias: *Jihad et haine des Juifs*, Paris: Éditions du Toucan, 2015; dt.: Djihad und Judenhass: Über den neuen antijüdischen Krieg, Freiburg: Ça ira, 2002.

Lacoste, Yves: *La Question postcoloniale. Une analyse géopolitique*, Paris: Fayard, 2010.

Lasfar, Amar: »Les musulmans français, meilleurs alliés contre le terrorisme«, im Gespräch mit Jean-Marie Guénois, Le Figaro, 11. Januar 2015.

Laskier, Michael M.: »The Emigration of the Jews from the Arab World«, in: Abdelwahab Meddeb/Benjamin Stora (Hg.), *Histoire des relations entre juifs et musulmans des origines à nos jours*, Paris: Albin Michel, 2013.

Laurens, Henry: *La Question de Palestine, Band II: Une mission sacrée de civilisation*, Paris: Fayard, 2002.

Legey, Françoise: *Notes de route: Voyage à Marrakech*, Algier: Druckerei P. Crescenzo, 1910.

Leveau, Rémy/Schnapper, Dominique (Hg.): Les Musulmans dans la société française, Paris: Presses de la FNSP, 1988.

Lewis, Bernard: *Die Juden in der islamischen Welt*, übers. v. L. Julius, München: Beck, 1987.

Lewis, Bernard: *Sémites et antisémites*, Paris: Fayard, 1987.

Leys, Simon: *Orwell ou L'Horreur de la politique*, Paris: Flammarion, 2006.

Liogier, Raphaël: *Le Mythe de l'islamisation. Essais sur une obsession collective*, Paris: Seuil, 2012.

Macciocchi, Maria Antonietta: *De la Chine*, Paris: Seuil, 1971.

Meddeb, Abdelwahab/Stora, Benjamin (Hg.): *Histoire des relations entre juifs et musulmans des origines à nos jours*, Paris: Albin Michel, 2013.

Meir, Esther: »Les Juifs d'Orient face au nazisme et à la Shoah (1930–1945)«, RHS, Oktober 2016, Nr. 205.

Memmi, Albert: *Juifs et Arabes*, Paris: Gallimard, 1974.

Memmi, Albert: *La Statue de Sel*, Paris: Gallimard, 1953; dt.: Die Salzsäule, übers. v. Gerhard M. Neumann, Hamburg: Europäische Verlaganstalt, 1995.

Meir-Glizenstein, Esther: *Zionism in an Arab Country. Jews in Iraq in the 1940s*, New York: Routledge, 2004.

Motadel, David: *Islam and Nazi Germany's War*, Cambridge, MA: Harvard University Press, 2014; dt.: Für Prophet und Führer, übers. v. S. Held und C. Hornung, Stuttgart: Klett-Cotta, 2017.

Nahon, Gérard: *La Terre sainte au temps des kabbalistes*, Paris: Albin Michel, 1997.

Nettler, Ronald L.: *Past Trials and Present Tribulations: A Muslim Fundamentalist's View of the Jews*, Oxford: Pergamon Press, 1986.

Nizan, Paul: *Aden Arabie*, Paris: Éditions François Maspero, 1960; dt.: Aden, übers. v. T. König, Reinbek: Rowohlt, 1993.

Ozouf, Mona: *Composition française. Retour sur une enfance bretonne*, Paris: Gallimard, 2009.

Ozouf, Mona: *La Cause des livres*, Paris: Gallimard, 2011.

Prochasson, Christophe: *François Furet. Les chemins de la mélancholie*, Paris: Stock, 2013.

Ricœur, Paul: *La Mémoire, L'histoire, l'oubli*, Paris: Seuil, 2000; dt.: Gedächtnis, Geschichte, Vergessen, übers. v. H.-D. Gondek, H. Jatho und M. Sedlaczek, Paderborn, München: Fink, 2004.

Rousseau, Jean-Jacques: *Rousseau juge de Jean-Jaques*, 2. Dialog, Paris: Garrier-Flammarion, 1999.

Sansal, Boualem: »Juifs d'Algérie. La mémoire en silence«, Stiletto, September 2012, Nr. 36.

Semach, Yomtov: *Une mission de l'Alliance au Yémen*, Paris: AIU, 1910.

Sivan, Emmanuel: *Mythes politiques arabes*, Paris: Fayard, 1995.

Stillman, Norman: *The Jews of Arab Lands. A History and Source Book*, Philadelphia: The Jewish Publication Society of America, 1979.

Stillman, Norman: *Jews of Arab Lands in Modern Times* [1991], Philadelphia: The Jewish Publication Society, 2003.

Traverso, Enzo: *À feu et à sang*, Paris: Stock, 2007; dt.: Im Bann der Gewalt, übers. v. M. Mayer, München: Siedler, 2008.

Verdès-Leroux, Jeannine: *Les Français d'Algérie de 1830 à aujourd'hui. Une page d'histoire déchirée*, Paris: Fayard, 2001.

Veyne, Paul: *Foucault. Sa pensée, sa personne*, Paris: Albin Michel, 2008; dt.: Foucault: der Philosoph als Samurai, übers. v. U. Blank-Sangmeister, Stuttgart: Reclam, 2009.

Weil, Simone: *La Condition ouvrière (Journal d'usine, 1934–35)*, Paris: Gallimard, 1951; dt.: Fabriktagebuch, übers. v. H. Abosch, Frankfurt/M.: Suhrkamp, 1978.

Die Arbeit des Übersetzers am vorliegenden Text
wurde vom Deutschen Übersetzerfonds gefördert.

Impressum

Originalausgabe: Les Juifs du monde arabe. La question interdite

Die Deutsche Nationalbibliothek verzeichnet diese Publikation
in der Deutschen Nationalbibliografie; detaillierte Daten sind im
Internet über https://portal.dnb.de/ abrufbar.

Hentrich & Hentrich Verlag Berlin Leipzig
Inh. Dr. Nora Pester
Haus des Buches
Gerichtsweg 28
04103 Leipzig
info@hentrichhentrich.de
http://www.hentrichhentrich.de

Lektorat: Maximilian Thieme und Philipp Hartmann
Gestaltung: Gudrun Hommers
Druck: Beltz, Bad Langensalza

1. Auflage 2019

Printed in Germany
ISBN 978-3-95565-327-9